Sylvie y Noémie d'Esclaibes

Directoras de centros Montessori

Ayuda a tu hijo
A CONCENTRARSE

con el método
Montessori

MÁS DE 40 ACTIVIDADES PARA LOS NIÑOS ENTRE 0-7 AÑOS

Edaf

Título original: *Aider son enfant à se concentrer grâce à la méthode Montessori*
© 2017, Leduc.s Éditions. 29, Boulevard Raspail 75007 París - Francia
© 2018, Noémie y Sylvie D'Esclaibes
© 2018, De esta edición: Editorial Edaf S.L.U., por acuerdo con A.C.E.R.
© 2018. De la traducción: Alberto Benéitez Alemany
Diseño de maquetación: Émilie Guillemin, adaptado por Diseño y Control Gráfico
Fotografías de interior: D. R., © Julie Marcelli para las fotos 24, 25 y 26

Editorial Edaf, S.L.U.
Jorge Juan, 68,
28009 Madrid, España
Teléf.: (34) 91 435 82 60
www.edaf.net
edaf@edaf.net

Ediciones Algaba, S.A. de C.V.
Calle 21, Poniente 3323 - Entre la 33 sur y la 35 sur
Colonia Belisario Domínguez
Puebla 72180 México
Telf.: 52 22 22 11 13 87
jaime.breton@edaf.com.mx

Edaf del Plata, S.A.
Chile, 2222
1227 Buenos Aires (Argentina)
edaf4@speedy.com.ar

Edaf Chile, S.A.
Coyancura, 2270, oficina 914, Providencia
Santiago - Chile
comercialedafchile@edafchile.cl

Septiembre de 2018

ISBN: 978-84-3885-9
Depósito legal: M-23089-2018

PRINTED IN SPAIN   IMPRESO EN ESPAÑA
COFÁS

Noémie y Sylvie d'Esclaibes

Ayuda a tu hijo
a concentrarse
con el método
Montessori

edaf

www.edaf.net

MADRID - MÉXICO - BUENOS AIRES - SANTIAGO

2018

Índice

Introducción

Hoy en día sabemos todos que los niños están en su fase de desarrollo óptima durante los primeros años de su vida y que todos los cimientos instalados entre 0 y 6 años serán fundamentales para una construcción armoniosa de su porvenir.

Sabemos también que algunas facultades son indispensables para permitir a los niños encaminarse hacia un porvenir feliz y realizado. Entre esas aptitudes, la concentración es, desde luego, la más importante.

Maria Montessori transcribió en numerosas publicaciones todas las observaciones y las medidas explicadas en este libro, las cuales consiguió implementar con los niños de sus escuelas para favorecer desarrollo de la concentración.

Citaremos dos frases célebres de esta gran pedagoga publicadas en su libro *El niño en familia*:

> *«El primer camino que tiene que encontrar el niño es el camino de la concentración».*

«La clave de toda pedagogía se encuentra sin duda en lo siguiente: saber reconocer los valiosos instantes de la concentración para usarlos en el aprendizaje».

Debemos principalmente a Maria Montessori el descubrimiento de la importancia del desarrollo de la concentración desde los primeros años de vida del niño. Es a partir de los primeros años del siglo XX cuando propone toda una nueva visión de la infancia como el periodo más importante en el desarrollo del ser humano. Sugiere, entonces, una manera inédita de enfocar la tierna infancia y una nueva comprensión de lo que los niños necesitan para poner en valor y optimizar sus verdaderos potenciales.

Basándose sobre el resultado de sus observaciones concretas, Maria Montessori creó la pedagogía que lleva su nombre, pedagogía adoptada con rapidez y mucho éxito por un gran número de escuelas en el mundo. Hoy en día existen 30.000 escuelas Montessori, sin contar los establecimientos que se inspiran en esta pedagogía.

Maria Montessori (1870-1952) es la primera mujer médica de Italia. Trabaja primero con niños considerados «deficientes» al lado de los cuales elabora un nuevo método basado sobre un planteamiento diferente de la enseñanza asociada a la creación de material pedagógico acorde. Gracias a ese método revolucionario para la época, esos niños llamados «deficientes» desarrollan sus facultades cognitivas de manera sorprendente y consiguen incluso leer y a escribir. Algunos de ellos, incluso, superan con éxito ciertos exámenes diseñados para niños «normales».

Valiéndose de este éxito, encargan a Maria Montessori ocuparse de niños llamados «normales», provenientes de un barrio pobre de San Lorenzo de Roma. Como consecuencia abre la primera «Casa di Bambini». Su intuición es la siguiente: los métodos específicos que han permitido a los niños con alguna discapacidad obtener muy buenos resultados se adaptarían probablemente bien a los niños sin ninguna discapacidad. Observa con atención científica escrupulosa cómo todos estos jóvenes se desenvuelven en un entorno «preparado», diseñado por ella, entorno que no cesa de hacer evolucionar. **De esta manera desarrolla la pedagogía que lleva su nombre y que provoca una verdadera revolución en el ámbito de la educación.**

▶ Sus principales descubrimientos

El profesor interior

Maria Montessori observa que, hasta la edad de 6 años, el niño aprende solo y de manera espontánea, a caminar, a entender y a hablar su idioma materno, a controlar sus movimientos, etc. Deduce de ello **que el niño posee en su interior un «profesor», una especie de guía interior que le permite adquirir todas sus capacidades sin intervención exterior**. María Montessori explica entonces que la confianza en ese «profesor interior» es el primer principio de su pedagogía.

En vez de mandar e instruir al niño, la doctora decide acompañarlo a través de una atenta observación con el propósito de asentar un entorno adaptado.

Todo esto se puede resumir con una de sus frases: *«Hemos descubierto que la educación no es algo diseñado por el profesor, sino un proceso natural que se desarrolla de manera espontánea en el ser humano».*

La importancia del trabajo manual

Maria Montessori se da cuenta de que los niños pequeños están en constante movimiento y exploran y descubren el mundo por medio de sus manos. **Deduce que la mano es fundamental en el desarrollo de la inteligencia.** La mano envía la información al cerebro, que procede a su análisis y devuelve un mensaje a la mano para que lo ejecute. Tomando como base este principio, Maria Montessori crea una cantidad considerable de material pedagógico dedicado al desarrollo de la mano del niño.

La autonomía

Maria Montessori advierte igualmente la profunda necesidad en el niño de obtener su autonomía y de hacer las cosas por sí mismo. Conocemos todos la siguiente cita suya: *«Ayúdame a hacer las cosas solo»*.

El espíritu absorbente

Maria Montessori observa que el niño posee la capacidad de asimilar de manera natural y progresiva todas las informaciones contenidas en su entorno y en especial su lengua materna. **Entre 0 y 6 años, su espíritu funciona de manera muy diferente a cualquier otra etapa de su vida.** Mientras que el adulto reflexiona, Maria Montessori nota que concentrándose y repitiendo un gran número de veces la misma actividad, el niño crea conexiones neuronales y desarrolla estructuras fundamentales en su cerebro. Esto ha sido confirmado por otro lado por los neurocientíficos modernos.

Los periodos sensibles

Maria Montessori repara en que el niño atraviesa momentos más o menos largos durante los cuales tiene la facultad de absorber sin ninguna dificultad las informaciones o las competencias, como lo haría una esponja. Estos momentos, que bautiza como «periodos sensibles», son variables de un niño a otro y no pueden ser creados por el adulto.

Los principales periodos sensibles son los del orden, del movimiento, del lenguaje, del desarrollo de los sentidos, de los pequeños objetos y de la vida social. Una vez que la competencia es adquirida, el periodo sensible desaparece para no volver más.

Además, el aprendizaje de una competencia fuera de un periodo sensible se revela muy difícil. Sin embargo, si la necesidad del periodo sensible está colmado, el niño siente un gran sentimiento de satisfacción y de felicidad.

La experimentación concreta

Maria Montessori observa que para el niño pequeño es imprescindible la experiencia concreta generada por la manipulación de objetos en tres dimensiones. Entiende con facilidad lo abstracto si primero ha experimentado esos conceptos a través de lo concreto.

La importancia del trabajo para el niño

Maria Montessori advierte que, cuando el niño hace lo que nosotros llamamos «jugar», en realidad está trabajando espontáneamente en la adquisición de las competencias cuyos objetivos son ganar independencia y aptitudes para vivir en su entorno cultural.

Las experiencias sensoriales

Aristóteles ya decía: «*No hay nada en nuestra inteligencia que no haya pasado primero por nuestros sentidos*».

El niño entiende el mundo a través de sus manos y de sus otros sentidos. Por este motivo, Maria Montessori desarrolla un material importante destinado a favorecer el afinamiento de todos los sentidos del niño. Este material permite al niño, a través de la comparación, del emparejamiento, efectuar numerosos aprendizajes basados en la información sensorial. De este modo, se crean en el cerebro millones de nuevas conexiones que van a optimizar el crecimiento y el desarrollo de la concentración y a afinar cada vez más los sentidos del niño.

La concentración y la normalización

Maria Montessori observa que los niños manifiestan una necesidad intensa y una capacidad muy importante de concentración. Un niño que ha aprendido a concentrarse se vuelve más tranquilo, apaciguado, relajado; es más feliz y desarrolla su confianza en sí mismo incluyendo un sentimiento de seguridad y de reconocimiento de cara al adulto que ha sabido preparar el entorno adecuado.

Resalta igualmente que cuando el niño trabaja en un entorno preparado, cuando utiliza material adaptado y aprende cómo interactuar con los otros a la vez que los respeta, desarrolla ciertas características fundamentales que incluyen la concentración, el amor al trabajo, la socialización y la autodisciplina.

Maria Montessori está convencida de que un niño pequeño que tiene la oportunidad de desarrollar sus cualidades encontrará más fácilmente en el futuro sus propios intereses, escogerá su propio trabajo y será un ser libre. Llama al niño que ha conseguido a desarrollar esas competencias un niño «normalizado».

PRIMERA PARTE

CÓMO
FUNCIONA
LA CONCENTRACIÓN

• •

1

El funcionamiento del cerebro

L a niñez es un momento único para el desarrollo del cerebro. Las investigaciones científicas de estos últimos años nos dan una explicación precisa de las razones por las cuales todas las observaciones efectuadas por Maria Montessori y su pedagogía resultan tan pertinentes.

Cuando el niño nace, posee 100 mil millones de neuronas. Sin embargo, menos de la mitad de esas neuronas están conectadas entre ellas. En función de factores genéticos y de las experiencias que vivirá el recién nacido, se establecerán las sinapsis. Es por eso que hablamos de la plasticidad cerebral del bebé. Las conexiones entre las neuronas se modifican, se hacen más complejas, o no se hacen, todo eso en función de lo que el bebé vaya a vivir. Cada vez que el niño pequeño piensa, se mueve, sueña, vive una experiencia, nuevas conexiones neuronales se establecen: ¡hasta 700 nuevas vías nerviosas se crean cada segundo durante los primeros seis años de su vida!

Nada más nacer, el niño construye por lo tanto su inteligencia en función de las informaciones que percibe desde su entorno. Encontramos aquí de nuevo la noción de espíritu absorbente descrito por Maria Montessori, con la constatación siguiente: al niño le basta con «vivir» para crear un número importante de conexiones neuronales. En consecuencia, una falta de estímulos exteriores dañaría la construcción de su inteligencia.

Todas las relaciones que el niño tendrá con los adultos y otros niños van a marcar profundamente el desarrollo de su cerebro. Más tarde, alrededor de los 6 años, las conexiones menos utilizadas van a desaparecer y el cerebro va a especializarse en función de las experiencias que viva y vea cada día: es la poda sináptica.

Por ello es primordial entender que el cerebro no va a retener las sinapsis de las experiencias más felices, sino aquellas de las experiencias más frecuentes. El adulto, por lo tanto, tiene un papel esencial en el desarrollo mismo del cerebro del niño, dado que todo lo que le vamos a ofrecer en ejemplos buenos o malos, en experiencias felices o negativas, quedará impreso durablemente en él. Esta capacidad de adaptación de la estructura misma del cerebro puede ser una gran fuerza si el niño vive momentos positivos cada día, pero también una gran debilidad porque una niñez dolorosa marcará profundamente su personalidad durante el resto de su vida, en la medida en que la propia estructura de su cerebro se verá afectada.

La arquitectura del cerebro que utilizaremos durante el resto de nuestra existencia es en su mayor parte establecida durante los seis primeros años de nuestra vida. Esta es la razón por la cual el adulto debe ser muy cuidadoso con su manera de ser delante de y con el niño, vigilar lo que le ofrece en su entorno y las experiencias a las cuales le da acceso, porque muchas cosas están en juego antes de los 6 años.

Las primeras actividades Montessori ofrecidas al niño van a enseñarle capacidades cerebrales esenciales como la capacidad de organización, a planificarse y a concentrarse. Todas estas nociones esenciales para que el niño tenga una vida armoniosa y fácil de cara a los aprendizajes, a la comprensión del mundo y a la comunicación con los otros son transmitidas por medio del material Montessori. **Las actividades propuestas por esta pedagogía van a permitir al niño afinar sus gestos, su atención, su voluntad y todos sus sentidos.** Esto crea las condiciones óptimas para el desarrollo de un cerebro fuerte y eficiente.

Todos los resultados de los estudios e investigaciones en neurociencia nos permiten entender por qué la pedagogía Montessori es tan eficaz, y permite al niño estar tan concentrado, realizado y en paz consigo mismo: actúa directa y positivamente sobre la propia estructura del cerebro del niño, que tendrá en gran medida la misma estructura que el cerebro adulto. **Por tanto, es una parte importante de la personalidad que se construye antes de los 6 años.**

Vivir experiencias estimulantes y armoniosas antes de esa edad tendrá un impacto directo sobre la construcción del ser. Reforzando al máximo conexiones sinápticas y creando de este modo una estructura cerebral fuerte, el niño desarrollará una profunda confianza en sí mismo, en sus capacidades, un espíritu crítico y una apertura de cara al mundo, pero igualmente un verdadero amor hacia trabajo, con el deseo de hacer las cosas bien y una gran curiosidad. Todos los aprendizajes serán más fáciles, ya sean las interacciones sociales, la capacidad de abstracción, las cualidades artísticas, un buen razonamiento, una lógica sólida, y por supuesto, una excelente memoria y capacidad de concentración.

Los 4 pilares del aprendizaje según las neurociencias

S tanislas Dehaene, psicólogo cognitivo, neurocientífico y profesor en el Collège de France, explica en el sitio web *Aprender a educar* que las neurociencias cognitivas han identificado al menos cuatro factores que determinan la velocidad y la facilidad del aprendizaje:

- la atención;
- el compromiso activo;
- el retorno de la información;
- la consolidación.

Es apasionante constatar hasta qué punto todas las reglas fundamentales establecidas por Maria Montessori a principios del siglo xx corresponden perfectamente a lo que está demostrado hoy en día por las neurociencias.

▶ La atención

La atención es la capacidad que poseemos para abrirnos a la realidad: la atención abre nuestro espíritu? Audrey Akoun e Isabelle Pailleau, autoras de *La pedagogía positiva*, la definen como:

> *«El movimiento cerebral que nos va a permitir orientar nuestra acción en función de un objetivo, de un punto de interés... Mediante ella, captamos, con nuestros cinco sentidos, las diferentes informaciones que provienen o bien de nuestro entorno, o bien de nuestra percepción emocional o psicológica».*

Stanislas Dehaene añade que la atención sirve para seleccionar las informaciones, modula masivamente la actividad cerebral y facilita el aprendizaje.

Pero la atención puede ser selectiva. Como consecuencia de ello, **la tarea más importante de los profesores es canalizar y cautivar, en todo momento, la atención del niño.**

El profesor debe cuidar la creación de material atractivo, pero que además no distraiga al niño de su tarea principal, sobretodo evitando crear tareas dobles.

El «efecto maestro» consiste en orientar adecuadamente la atención de los alumnos y, por tanto, definir correctamente la tarea en cuestión.

Es posible entrenar a los niños para mantenerse concentrados frente a una distracción, para saber resistirse frente a un conflicto interno.

La pedagogía Montessori permite perfectamente al niño alcanzar ese primer pilar del aprendizaje. Tal y como lo veremos en el capítulo «Libre elección», los niños escogen libremente su trabajo. Las actividades no son impuestas por el profesor o los padres con el fin de apelar a la motivación inherente a cada niño. Las actividades se establecen en función de intereses del niño, para que este se sienta siempre estimulado y tenga ganas de aprender y de descubrir. Como cada material solo presenta una dificultad a la vez, no hay doble tarea que pueda desorientar al niño. El material utilizado en las actividades es armonioso, estético y hecho con materiales nobles.

▶ El compromiso activo

Stanislas Dehaene escribió:

> «*Un organismo pasivo no aprende. El aprendizaje es óptimo cuando el niño alterna aprendizaje y la prueba repetida de sus conocimientos. Eso permite al niño aprender cuando no sabe*».

Un estudio científico ha demostrado que el número de pruebas a través de ejercicios cuenta más en la memorización que el número de horas dedicadas a estudiar.

El niño será especialmente activo y comprometido con su tarea cuanto más le apetezca ejecutar la acción. Este deseo es provocado cuando la actividad le gusta, le importa y ve en ella un interés personal... y no porque esté obligado por un actor exterior.

Una vez más, **el niño en la pedagogía Montessori es el protagonista de sus propios aprendizajes.** Cada actividad implica el uso de sus acciones, su propia voluntad en escoger una tarea en lugar de otra.

▶ La retroalimentación

Recibir retroalimentación inmediata sobre la acción en curso de desarrollo es constitutiva del aprendizaje. Cuanto más cercana sea la retroalimentación al momento del error, más eficaz y integrada de manera perenne será la acción correctiva.

Los errores son positivos y fuente de experiencia y enseñanza. Son normales en el proceso de aprendizaje, porque expresan la representación mental creada por el alumno de una noción o de una acción y el obstáculo a identificar antes de superarlo.

En la pedagogía Montessori, cada material posee un control del error o una autocorrección, de manera que el niño ve directamente si lo que hace está bien o no. Si su trabajo ha sido incorrecto, se corrige él mismo enseguida. El adulto no está ahí para castigar, el error forma parte de un proceso de aprendizaje y no es motivo de estrés para el niño. No tiene por qué estar esperando varios días para obtener el trabajo corregido cuando además ya no tendrá la mente en el trabajo que estaba realizando. El niño accede a la corrección enseguida, lo que favorece en gran medida su aprendizaje.

▶ La consolidación

La automatización de los conocimientos es esencial: es el hecho de pasar de un tratamiento consciente, con esfuerzo, a un tratamiento automatizado, inconsciente. **El punto culminante de un** aprendizaje es la «transferencia de lo explícito a lo implícito»: la automatización de los conocimientos y procedimientos. Dicha automatización pasa por la repetición y el entrenamiento. Permite liberar espacio en el córtex prefrontal con el objetivo de absorber nuevas competencias.

En la pedagogía Montessori, el niño repite la actividad tantas veces como quiera. Mientras eso ocurre, el adulto no le interrumpe y los compañeros de aula, hermanos o hermanas no pueden cogerle el material que está manipulando. Así se consolida el aprendizaje.

LA MEMORIA

Memoria y concentración están totalmente ligadas. No se puede memorizar si se tiene una capacidad débil de concentración, y las actividades de memorización ayudan al desarrollo de la concentración. Además la memoria y la concentración son dos elementos esenciales que van a condicionar el conjunto de nuestra vida.

Estamos expuestos de manera constante a una multitud de información y acontecimientos, que vamos a reutilizar en un contexto futuro. Sin embargo, la memorización de esas informaciones y de esos acontecimientos va a depender de nuestra capacidad de concentración.

Cuanto más aumentamos la capacidad de concentración del niño, más facilitamos la memorización. Todo lo que sea importante establecer para el desarrollo de una buena capacidad de concentración será válido también para el desarrollo de una muy buena calidad de memorización.

→

De la misma manera, el desarrollo sensorial, tan apreciado por la pedagogía Montessori, va a ayudar en gran medida al crecimiento de la memoria sensorial.

Hay que saber que existen tres tipos de memorias que están ligadas entre sí: la *memoria sensorial,* la *memoria a corto plazo* y la *memoria a largo plazo.*

La información recibida es en primer lugar adquirida por nuestros cinco sentidos, que procesan las informaciones visuales, auditivos, olfativas, gustativas y táctiles. Estas informaciones quedan en el registro sensorial durante un tiempo muy breve y, si son pertinentes, son transmitidas a la memoria a corto plazo para ser luego almacenadas como memoria de trabajo; y si finalmente la información tiene que ser retenida, se transmite como memoria a largo plazo. Por tanto, la memoria sensorial es la etapa inicial del tratamiento de la información que se conserva y memoriza. Es ella, en cierto modo, la que abre la puerta dando acceso a la memoria.

La pedagogía Montessori acentúa la práctica de actividades sensoriales, permitiendo al niño conseguir una percepción sensorial muy precisa y mucho más amplia y de este modo desarrollar su memoria.

Todos no grabamos los recuerdos de la misma manera: unos tienen una mejor memoria visual, otros retendrán mejor gestos o sonidos. Por ello se hablará de memoria visual o kinestésica.

Cuando un niño es pequeño, no podemos saber cuál es su «tipo» de memoria. Ese es el motivo por el cual se presentan los aprendizajes a su disposición de tres maneras diferentes, siendo esta la mejor manera de ayudar a memorizar: el hecho de manipular siempre el material hablará a su memoria kinestésica, el hacerlo en tres tiempos conectará con su memoria auditiva pero también visual, ya que el niño ve todo lo que aprende.

Te ofrecemos a continuación en este libro numerosos ejercicios de desarrollo de la memoria sensorial.

SEGUNDA PARTE

LAS REGLAS QUE HAY QUE RESPETAR

● ● ● ● ● ● ● ● ● ● ● ● ●

Nada más nacer

Para desarrollar de manera óptima la concentración del niño, hay que empezar en la edad más temprana, es decir, desde el nacimiento. ¡Pues sí, desde que nace, el bebé es capaz de concentrarse!

Como consecuencia de ello todo su entorno debe estar organizado para permitirle aprender a focalizar su atención. **Maria Montessori ya resaltó la importancia de realizar un parto respetuoso con las características del bebé.**

Debe nacer en un lugar donde la luz sea tenue: después de nueve meses en un lugar oscuro, hay que cuidar de que la luz no sea agresiva. La gente a su alrededor debe hablar en voz baja. En el vientre los ruidos son por supuesto atenuados y hay que tener cuidado con su oído que en ese momento se encuentra ya bastante desarrollado. Del mismo modo no podremos pasarle de una postura horizontal a una postura vertical de manera brusca.

Después, podemos rápidamente (al cabo de unas cuantas horas) proponer al niño material descrito en la parte «actividad Montessori» (p. 77) que ya estimulará su concentración. Siendo su vista muy pobre, al colocar el material Montessori y otros objetos muy cerca de su cara, el bebé aprenderá a focalizar su atención y esto tendrá un impacto significativo sobre su concentración. Por ejemplo, se ha demostrado que los bebés en orfanatos muy pobres, en una habitación con solo paredes blancas, una cama blanca y nada donde poder focalizar la mirada, desarrollan grandes dificultades de concentración al crecer.

Bajo esta premisa, cuando el bebé mira al adulto a los ojos, este último no deberá ser el primero en desviar la mirada. Mirar al adulto a los ojos tanto tiempo como sea necesario es para el recién nacido una manera importante de incrementar su concentración.

Más tarde será necesario que entienda que sus acciones tienen consecuencias sobre su entorno. Con el material descrito más adelante en este libro descubrirás numerosas actividades propuestas para el bebé, que podrá desarrollar una gran capacidad de concentración mientras aprende a dominar su coordinación ojo/mano. Sus gestos van a pasar de involuntarios a voluntarios y le gustará desarrollar su motricidad a la vez que su concentración.

Otro elemento importante para desarrollar la atención del pequeño es la noción de «permanencia del objeto». Esta se refiere al hecho de que el niño aprende despacio que un objeto o una persona existe aunque no esté ante sus ojos. Por ejemplo, hemos jugado todos con nuestros hijos a «cucú» y a escondernos detrás de una manta. Al principio si te escondes, el niño no se moverá y se preguntará donde estás. Luego te habrá visto esconderte e irá a quitar la manta porque sabe que estás debajo. Por lo tanto han entendido que existes incluso si no estás en su campo de visión. Finalmente, entenderá que los objetos pueden desplazarse y seguir existiendo. Es importante estimular la permanencia del objeto en el bebé, noción que se desarrolla normalmente hasta la edad de 18-24 meses.

Este concepto de la permanencia del objeto ha sido elaborado por Jean Piaget y recuperado por Maria Montessori. Numerosos materiales han sido desarrollados en el marco del método Montessori para ayudar a mejorar la concentración trabajando esta aptitud esencial que el niño debe adquirir.

2

El entorno preparado

Tras años observando niños, Maria Montessori entendió que su desarrollo estaba en gran parte guiado por un proceso inteligente e innato. De hecho es muy fácil constatarlo en el bebé: cuando este aprende, por ejemplo, a darse la vuelta, o a caminar, lo hace solo, sin que el adulto le enseñe qué pauta seguir.

De este modo Maria Montessori se preguntó si, en vez de ofrecer al niño una instrucción impuesta por el adulto, no era posible encontrar los medios para **permitir al niño aprender por sí mismo**, tan bien y naturalmente como cuando lo hace siendo bebé.

Al hilo de sus primeras observaciones, Maria Montessori estableció las siguientes constataciones que se revelaron ciertas con todos los niños:

- Absorben de su entorno.
- Son capaces de concentrarse durante mucho tiempo, lo que incluso les proporciona una gran alegría y una profunda sensación de bienestar.
- Quieren hacer las cosas solos, de manera autónoma.

- Necesitan moverse.
- Aprenden mejor multiplicando las experiencias sensoriales y manipulando el material que les gusta.
- Deben aprender a vivir juntos.

Fue en ese momento cuando llegó a la conclusión de que había que **prever un entorno especialmente adaptado para los niños**, en el que pudieran encontrar todo lo que necesitan para crecer, realizarse y multiplicar sus experiencias.

Por ello, era necesario hacer ajustes en los entornos en los cuales los niños tenían por costumbre desenvolverse.

▶ Muebles a medida del niño

Si hoy en día esto parece una obviedad, instalar en el entorno del niño mesas, sillas, cómodas, cubiertos, etc., a su medida... esa disposición fue pensada por Maria Montessori por primera vez.

En su época, el niño crecía en un entorno donde todo estaba previsto por el adulto y le correspondía a él encontrar sus propias soluciones para hallar su sitio.

Hoy en día, no tendrás ninguna dificultad en encontrar mobiliario adaptado a la altura de tu niño; mantente vigilante respecto a su solidez, su armonía y su estética (🔎⊕ **foto 1**).

Encontrar a su disposición material fácilmente accesible y saber dónde puede manipularlo, brindará al niño una ayuda considerable en el desarrollo de su concentración, ya que tendrá la posibilidad de focalizar toda su atención en su tarea. Si al contrario, el niño debe pensar en cómo acceder al material, preguntarse dónde puede dejarlo o tener, por ejemplo, que subirse a una silla alta para acceder a él, su atención se dispersará y le será muy complicado volver a su objetivo inicial: la manipulación de la actividad escogida.

▶ Armonía y orden

En la medida que el niño es como una esponja que absorbe todo de su entorno, es primordial que el adulto proponga **un lugar armonioso, tranquilizador, donde todo tiene asignado un sitio preciso.** Esto permitirá al niño desarrollar un gusto por lo bello y estar tranquilo al saber que su material está en su sitio.

Tendremos que privilegiar siempre los materiales «nobles», estéticos, y evitar lo más posible el plástico. **El adulto debe estar atento y asegurarse de que el material está siempre limpio, en buen estado y completo.**

Habrá que tener siempre en mente lo siguiente; en la medida en la que el niño absorbe todo de su entorno, nada se puede dejar al azar.

La luz natural es esencial para el correcto desarrollo de la vista del niño, y tiene un impacto directo sobre su cerebro. Por lo tanto, tendremos que privilegiar de manera imperativa las habitaciones luminosas, con ventanas grandes.

Dispón igualmente en el entorno **el máximo posible de elementos naturales**: plantas, ramos de flores bonitas (enséñale al niño dónde tirarlas cuando estén marchitas). Puedes también añadir una presencia animal: un gato, un conejo, peces, etc.

Podemos colocar unos cuantos pósteres de paisajes, de elementos naturales o de bonitas obras de artistas, con la condición de no sobrecargar las paredes y de ponerlos a la altura del niño, para que pueda admirarlos.

Pintaremos las paredes de blanco o en tonos pastel para favorecer la concentración y evitar que el niño se disperse.

Todo en el entorno del niño debe estar organizado para que pueda concentrarse sin perturbaciones en la tarea que ha escogido. **Por ejemplo, que no haya música de fondo**. Para la música, escogeremos un momento preciso durante el cual ofreceremos al niño concentrarse sobre la canción y escucharla atentamente.

▶ Cada material en su sitio

Sobre las estanterías, el material debe ser recogido del más fácil al más complejo, de izquierda a la derecha y de arriba a abajo. El material más fácil se encuentra, pues, arriba y a la izquierda, por ese motivo tenemos que procurar que el mueble no sea demasiado alto para el niño.

Este material debe ser recogido por estantería y por categoría. Así encontraremos todos los ejercicios de vida práctica en el mismo mueble o muebles, las actividades de matemáticas en otro sitio, las de lengua en otro lugar, etc.

Es importante enseñarle rápidamente al niño a colocar de nuevo el material que ha cogido en el mismo sitio donde se en-

contraba al inicio. Con esto, no solo adquiere concentración, porque aprende que una actividad no está terminada hasta que no se recoge, sino que también le permite encontrar dicha actividad de nuevo cuando quiera volver a ella más tarde. Este aspecto es primordial para el desarrollo de la concentración del niño: si sabe perfectamente dónde encontrar el ejercicio que necesita y dónde ejercitarse, podrá focalizar su atención enseguida sobre lo que es necesario para su desarrollo y por tanto para sentirse pleno, en vez de desconcentrarse por perturbaciones exteriores y olvidar la meta del trabajo escogido.

Maria Montessori hizo esta observación cuando puso en marcha su primera *casa dei bambini* (casa de los niños). El material utilizado estaba recogido en un armario grande cerrado con llave, y quien se ocupaba de darlo a los niños al principio y recogerlo al final de la clase era la educadora, que se percató de que los niños la seguían para averiguar dónde podía estar guardado dicho material...

Entonces por primera vez se dejó a los más pequeños desplazarse con total libertad con el objetivo de permitirles completar sus acciones. Esto último es primordial para el niño, necesitado tanto de orden como de acabar con lo que ha emprendido para concentrarse. Es absolutamente necesario respetar el periodo sensible del orden del niño para acompañarlo en el desarrollo de su concentración.

Como consecuencia las actividades no se mezclan en un gran baúl, al contrario, cada actividad con su material se coloca encima de una bandeja, dentro de una cesta o una caja, tiene que estar completa y lista para ser usada.

▶ El niño responsable de su entorno

Una vez que el adulto ha dispuesto todo, el niño se convierte en el responsable de su entorno. Este rol le ayudará aún más a concentrarse, al estar directamente implicado. El niño ya no está vagando sin rumbo en un entorno en el cual desarrolla solo un papel pasivo. Todo lo contrario, verás su mirada concentrada, reflexiva: ¿me acordé de regar las plantas hoy? ¿He dado de comer a mi pez? Hoy me apetece trabajar más cerca de la ventana, muevo mi mesa...

Es fascinante ver hasta qué punto un niño puede concentrarse durante mucho tiempo cuando tiene un papel activo en el lugar en el que se desenvuelve.

▶ Un entorno evolutivo

Una vez más, el adulto debe estar atento y ser un observador discreto.

El niño, en efecto, se encuentra en constante evolución y obviamente hemos de **asegurarnos siempre de ofrecerle actividades en relación con su fase de desarrollo**. De una decena de actividades de vida práctica, podemos, por ejemplo, cambiar dos por semana para que el niño no se canse y encuentre siempre algo con lo que satisfacer su gran curiosidad. Si una bandeja es demasiado fácil, o, al contrario, demasiado difícil, el niño no se concentrará en ella y con ello se vería perjudicado su desarrollo. Si tenemos la sensación de que el niño «está haciendo tonterías», tendremos que replantearnos lo que le ofrecemos y preguntarnos qué ha generado tal comportamiento. Cuando las tareas son adecuadas al nivel de desarrollo del pequeño, el entorno es adecuado y el adulto no interviene de manera perturbadora, al niño no le quedará más remedio que concentrarse.

Cuando colocas nuevas actividades (vida práctica, vida sensorial, matemáticas, lenguaje, cultura, etc.) en las estanterías, no se lo digas al niño. Al contrario, dejándole buscar por sí mismo, verás su gran satisfacción y eso contribuirá enormemente a mejorar su sentido de la observación a la vez que su concentración.

▶ Un material específico

Para que el niño pueda concentrarse hay que ofrecerle ejercicios de manipulación con objetos y materiales que pueda agarrar, tocar, oler, probar, mirar. El cerebro del niño está diseñado de tal forma que el paso por lo abstracto solo puede llegar tras lo concreto. Demócrito decía: «nada existe en nuestra inteligencia que no haya estado primero en nuestros sentidos» (🔍 **foto 24**).

Por tanto, para desarrollar la concentración del niño, tenemos que poner a su disposición un material concreto. El material Montessori hoy en día es muy conocido y en la actualidad podemos conseguirlo a un precio razonable, o si lo deseas podrás crear material con elementos cotidianos por un precio módico.

Como verás en el capítulo dedicado a ellas, ciertas actividades, pueden provenir del día a día de la casa (el material para exprimir un zumo, untar una rebanada de pan, poner la mesa, etc.). Por ejemplo para enseñarle los colores, si se apasiona por los coches, el niño los memorizará con rapidez, sobre todo porque usaremos tres vehículos idénticos cuya única diferencia es el color. Es un ejercicio bonito que gusta, puede ser manipulado: el niño se concentrará mucho tiempo en ello e irá más rápido en su aprendizaje.

▶ Material auténtico

Siguiendo en su primera *casa dei bambini,* Maria Montessori había previsto además del material pedagógico, unos juguetes más caros donados por amigas pudientes. Se dio cuenta de que los niños no escogían los juguetes sino las tareas. Les enseñó entonces a usarlos, pero los niños solo jugaban un poco con ellos y pronto los abandonaban. Visto que el niño necesita manipular para aprender, solo tras haber entendido cómo controlar la «realidad» de su entorno, podrá concentrarse en sus juguetes y ejercer su creatividad y su inventiva.

De este modo, cuando el niño es todavía pequeño, prefiere ejercitarse en la vida práctica con objetos de cristal, porcelana, plata, tintinear, seguir con los dedos el contorno y las formas de letras rugosas en vez de jugar.

A menudo los adultos piensan que sus niños tienen una capacidad reducida de concentración. Cuando les preguntamos qué tienen los niños a su disposición en casa como actividades, describen a menudo cantidades de juguetes. Esos mismos niños, sin embargo, observados dentro de un entorno preparado siguiendo los principios de la pedagogía Montessori, son capaces de concentrarse durante cuarenta y cinco minutos, una hora en una misma actividad, con gran sorpresa por parte de los padres.

3

El papel del adulto

Para obrar dentro del marco de la pedagogía Montessori, el adulto, si quiere acompañar al niño lo mejor posible a lo largo de su aprendizaje y en el desarrollo de su concentración, tendrá que reflexionar, incluso cuestionarse, a sí mismo de manera profunda. **Tiene que estar disponible para el niño y hacer todo lo que tenga a su alcance para conseguir su bienestar.** Eso no quiere decir que el niño deba invadir al adulto y tener un sitio que no es el suyo. Sigue siendo un niño, un ser aparte, que amamos, adoramos y a quien tenemos que acompañar para permitirle realizarse. Cada uno en su sitio. Por tanto, tenemos que prever ocasiones en las que el niño participa en la vida cotidiana, pero del mismo modo, habrá momentos sencillamente para él.

El adulto no tiene que pensar que debe o puede hacerlo todo a la perfección; es imposible. **Tiene que informarse, instruirse sobre las fases de desarrollo del pequeño, seguir grandes principios y reglas, ofrecer al niño actividades fascinantes dentro de un entorno preparado y dejarle la libertad de ejercitarse tal y como lo desea siempre y cuando respete el marco fijado.** Todo tiene que ser alegría, y si el adulto tiene los conocimientos necesarios, el niño desarrollará su concentración, disfrutando y con unas ganas permanentes de perfeccionar sus técnicas.

▶ La actitud

El adulto que desea aplicar la metodología Montessori debe revisar su actitud con el fin de ser un verdadero guía para el niño y poner todo en marcha para favorecer su concentración.

Primero, hay que tener siempre en mente que los aprendizajes del niño tienen que ser un proceso natural, divertido, hecho de descubrimientos, experiencias, manipulaciones antes de llegar a dominar habilidades y competencias.

Siendo la concentración la base de todos los aprendizajes, la actitud del adulto es primordial, **debe evitar presionar al niño pequeño cuando está trabajando**. Este último ama profundamente trabajar y lo necesita para su desarrollo; por tanto, el estrés no tiene cabida en sus primeros años de vida, en los cuales es necesario sentirse confiado, tranquilo para realizarse y para acrecentar su capacidad de concentración. ¿De qué manera podría concentrarse si tiene miedo constantemente de los juicios y represalias del adulto? Su mente ya no estaría focalizada sobre la tarea que está llevando a cabo sino en la angustia sobre la actitud que va generar en el adulto.

Cuando el niño se construye, **el adulto debe actuar de tal manera que el niño no cargue con sus preocupaciones**. Puede por supuesto explicarle que está triste o enfadado, pero eso no puede contaminar su actitud hacia él. El niño absorbe todo, incluso —y sobretodo— nuestras emociones. Es importante, por lo tanto, hacer un trabajo para no impedir que el niño se concentre en su propio desarrollo.

El adulto es un ejemplo para el niño; es hacia donde quiere apuntar y acercarse. Por ello, es necesario que el adulto revise toda su actitud: estar tranquilo, sereno, hacer gestos lentos, hablar suavemente, etc. No debemos pretender convertirnos en un ser perfecto, ideal, que el niño nunca podrá alcanzar, más bien hacer todo lo que está en nuestras manos a través de nuestro comportamiento para desarrollar la concentración y la confianza en sí mismo del pequeño. Nada de gestos bruscos y rápidos que pueden dar miedo, nada de suspiros angustiados que podrían estresar, etc. Para favorecer la concentración del niño, debe sentirse en confianza, profundamente respetado.

▶ La observación

El rol del adulto no es el de una figura de autoridad que indica al niño qué conocimientos debe memorizar y en qué momento, ni tampoco el de estar ahí para imponerle los aprendizajes que desea transmitirle. **El adulto, al ver al niño concentrado sobre tal actividad o tal otra, observa e identifica sus intereses,** y partir de esa observación discreta y fundamental, permitirá al niño vivir las experiencias que le llevarán a desarrollar sus competencias.

Podrás constatar en qué momento el niño entra en una etapa o periodo sensible, teniendo los conocimientos indispensables sobre su desarrollo y observándole. Recalcamos en las siguientes líneas que cuando un niño entra en un determinado periodo sensible, posee una capacidad de concentración impresionante para aprender en el campo que le apasiona. Si ves a tu niño contar todo lo que le rodea tendrás que empezar con las tareas relacionadas con las matemáticas, ya que está entrando en ese periodo sensible. Constatarás que es capaz de pasarse horas con ejercicios de enumeración, operaciones, etc. «No puedo empezar las matemáticas porque es demasiado joven». Borra esta frase de tu mente, si se respeta su ritmo, se sentirá comprendido y de ese modo podrá focalizar toda su atención.

Tras haber trabajado mucho tiempo sobre la actividad en sintonía con su fase de desarrollo, un niño puede incluso sentirse relajado y tranquilo.

No olvides nunca la importancia de la observación cuando se trate de incrementar la concentración del niño, porque en vez de forzarle a un aprendizaje que no es el que necesita y con el que tendrá dificultades en centrar su atención, le guiarás hacia una opción donde aprenderá de manera natural a concentrarse durante horas, al ser la actividad que precisa en ese momento. Llegados a ese punto, te darás cuenta de que a pesar de un ambiente ruidoso, el niño no desvía la atención de su tarea. De este modo desde la más temprana edad, el niño aprende de manera profunda lo que realmente significa la verdadera concentración. Como si estuviese en una burbuja, es absorbido por completo por su actividad.

El adulto tiene que ser lo bastante observador como para darse cuenta del momento en que el niño alcanza el control de una competencia. Propondrá una actividad que contenga únicamente una pequeña dificultad suplementaria, con el fin de conseguir mantener su interés e incrementar su concentración. De esta manera, al tener siempre a su alcance algo en lo que concentrarse, el niño no se aburrirá.

◗ Crear un ambiente que favorezca la concentración

Tal y como lo hemos destacado con anterioridad, **es tarea del adulto diseñar un ambiente sosegado** a la vez que se implementa un entorno en el cual se favorece y prioriza la concentración del niño.

Los adultos a menudo se quejan de lo siguiente: «El niño no se centra en sus deberes». Preguntamos entonces a los padres cuáles son sus actividades mientras el niño estudia en casa; nos contestan que tienen un número infinito de cosas por hacer: guardar la compra, preparar la cena, doblar la ropa, quitar el polvo, etc. Todo esto teniendo al pequeño haciendo sus tareas al lado. La situación descrita en las respuestas es fuente de demasiadas distracciones que van a impedir que el niño focalice su atención, siendo complicado, como es obvio, que se concentre mientras el adulto está ajetreado a su lado.

Si el niño experimenta dificultades para concentrarse sobre unos deberes que quizás no le gusten, el adulto tiene que estar a su lado, sin hacer nada salvo acompañarle (nada de teléfono, nada de ordenador, etc.).

Hemos mencionado más arriba que el desarrollo de la concentración arranca nada más nacer, y que será mucho más sencillo para un niño centrarse en la medida en que todo está dispuesto para favorecer dicha concentración desde su más temprana edad. Como consecuencia de ello, tendrá una ventaja considerable en comparación con otros niños, al haber aprendido en sus primeros años de vida a concentrarse.

Cuanto más pronto desarrolle el niño su concentración, más pronto podrá el adulto hacer vida normal a continuación, con sus actividades cotidianas, ya que el niño conseguirá centrar su atención, a pesar de un entorno ruidoso y ajetreado a su alrededor. Para alcanzar este objetivo el adulto debe ofrecer al niño un ambiente tranquilo cuando este último trabaje.

Sin tener que quedarse a su lado todo el tiempo, para evitar una dependencia de nuestra presencia a la hora de tener que estudiar y concentrarse, habrá que observar al niño. Si vemos que trabaja de manera autónoma, podemos entonces dedicarnos a nuestras ocupaciones, pero procurando hacer el menor ruido posible para no romper la concentración del niño. En la misma línea, evitaremos o limitaremos la música de fondo para no saturar su concentración.

▶ El adulto prepara y adapta el entorno

Tal y como lo hemos visto, el niño encuentra todo lo necesario para su desarrollo en el entorno. Un niño, por ejemplo, no sabe de manera espontánea si tiene ganas de aprender el nombre de las diferentes partes de una tortuga, o hacer divisiones. Pero si tiene a su alrededor material adaptado, podrá concentrarse en las actividades que le gustan y que corresponden a lo que le interesa y podrá asimismo satisfacer su gran sed de conocimientos.

La implementación del entorno preparado es un trabajo laborioso. El adulto debe verificar cada día ese entorno: su buen estado, su limpieza, que no falte nada. Además, debe adaptarlo en función de la evolución del niño, reflexionar sobre el diseño y la elaboración de nuevas actividades, pensar en conseguir y fabricar nuevo material, etc.

Es el adulto quien se hace cargo de construir y mantener el entorno del niño, entorno que va a permitir en gran medida que este último se concentre.

▶ Permitir un trabajo sin interrupciones

Constatamos todos los días en los ambientes Montessori hasta qué punto los niños pueden concentrarse durante mucho tiempo en una única actividad que disfrutan volviendo a hacerla una y otra vez. El niño aprende por medio de la repetición.

Tenemos que ser conscientes y diferenciar entre la noción de trabajo para un niño y para un adulto. El adulto se apoya sobre una motivación externa: pasa un paño por el espejo para que esté limpio, sube escaleras para buscar algo en el segundo piso, pela una zanahoria para comérsela… Por cierto, ¡cuanto más rápido se ejecute la acción, mejor se siente!

Para un niño, la noción de trabajo es muy diferente. Su motivación es interior, se construye a través de la repetición. Lo verás pasar semillas de un recipiente a otro sin descanso durante horas, limpiar un espejo ya limpio, subir las escaleras para luego bajarlas. Se construye a sí mismo, aprende a controlar su entorno, precisando y afinando su gesto.

El adulto, sobre todo, no debe interrumpir esos momentos de concentración, Debe aprender a no hacer nada y dejar al niño la libertad de ejercitarse una y otra vez. Pedirle que pare su actividad para que se ocupe de otra cosa, o bien porque la ha hecho ya demasiadas veces, dañaría el desarrollo de su concentración. El adulto debe abstenerse de intervenir ya sea animando, dando consejos sobre cómo se podría quizás hacer mejor o proponiendo su propia participación. El adulto debe dejar al niño practicar tantas veces como lo desee.

Resumiendo, para aumentar la concentración del niño, ¡déjale que se entrene todo el tiempo que quiera en la actividad escogida!

▶ Hacia un niño autónomo

Una de las grandes fuentes de concentración en la pedagogía Montessori es la autocorrección. El niño no depende del adulto para darle recompensas o comentarle los resultados obtenidos, pues esto termina desviando su atención en su trabajo.

En la pedagogía Montessori, cada tarea posee una autocorrección. El niño se corrige a sí mismo nada más terminar su actividad. No solo entiende mejor su error, porque rehace después el ejercicio en función del resultado anunciado, pero, sobre todo, se concentra durante toda la duración de los ejercicios, en lo que tiene que hacer, sin que su atención se disperse escuchando lo que el adulto le dice una vez que el trabajo empieza. No es infrecuente ver niños provenientes de un sistema escolar más tradicional no hacer la actividad pedida por miedo a confundirse. Las sanciones del adulto trastornan por completo su concentración, el niño ya no se posiciona en la ejecución de su trabajo sino en lo que pueda ocurrir después: «¿Voy a conseguirlo?¿Qué van a pensar de mi? No lo voy a conseguir nunca, soy nulo...».

En la pedagogía Montessori, los niños se concentran con más facilidad en su trabajo porque no temen confundirse. Son conscientes de que aprenden de sus errores y que es normal no acertar siempre; y además cuando se confunden, no es grave. El adulto es un elemento esencial del entorno del niño pero este no tiene por qué concentrar su atención en él. Para ello, es preciso proponer ejercicios que incluyan la autocorrección, de modo que el niño se independice de su juicio y poder así focalizar su atención sobre la ejecución de su propia tarea.

▶ Tener conocimientos

A pesar de todo el cariño y el amor que tienes hacia tu hijo, puedes ver frenada la ayuda que podrías brindarle si no conoces bien su desarrollo. Es por ello primordial que te informes bien, para acompañarle lo mejor posible en su crecimiento.

Uno de los papeles esenciales del adulto dentro del marco de la pedagogía Montessori es el de presentar el material al niño. El niño ya sabe que antes de cualquier manipulación el adulto debe enseñarle cómo realizar los ejercicios. No obstante, no basta con hacerlo con gestos lentos y una actitud respetuosa. El material Montessori ha sido diseñado a través de un proceso científico por una mujer doctora en medicina. Cada actividad y sus utensilios tienen un uso y un objetivo concreto y muy preciso.

Por ejemplo, si ofreces un ejercicio de trasvase y pones demasiadas semillas, el niño no podrá finalizar su actividad y no podrá concentrarse. Del mismo modo, cuidado con el objetivo de cada material; es bastante horripilante ver como adultos permiten a los niños hacer construcciones con la escalera marrón, o les dejan montar esta en vertical y en quincunce. Estas no eran de ningún modo las finalidades de esos objetos pensados por Maria Montessori y desviar de su propósito original esas herramientas no tiene ningún tipo de sentido. **Por tanto, aconsejamos a todos los adultos leer las obras de Maria Montessori, pero igualmente seguir una formación para aprender a utilizar correctamente el material.** Para asegurarnos de que recibimos unos cursos de calidad, conviene verificar la experiencia y las cualificaciones de los formadores. Estas formaciones, de una duración variable, te darán una buena visión general de cómo usar el material Montessori.

▶ Establecer límites

El niño necesita límites para concentrarse, se trata de un punto esencial. **Al establecer esos límites, el adulto tiene que llevar a cabo una seria reflexión al no poder cambiar lo que decida teniendo en cuenta la construcción del niño.** Dentro de un marco establecido de manera inteligente, un niño se encuentra tranquilo y se concentra mucho mejor. Por ejemplo, sabe que hace sus tareas sobre una alfombra o bien sobre una mesa. Esto le permite concentrarse enseguida en su actividad, porque no está en medio de la habitación preguntándose dónde tiene que colocarse. Como ya hemos visto, el niño se concentrará mejor sintiéndose en armonía con lo que le rodea, escogiendo instalarse ahí donde se encuentre mejor. Saber que ese es su espacio de trabajo, que mientras esté en él y lo desee, estará tranquilo, ser consciente de que nadie va a molestarle o interrumpirle cuando esté trabajando sobre una mesa o una alfombra, hacen de su área de trabajo un elemento esencial para mantener la concentración.

El trabajo efectuado por el niño es un trabajo serio y presentándolo de esa manera mostramos al niño que lo respetamos y le permitimos concentrarse. Para ello evitaremos que haga cualquier otra cosa con las actividades, imponiéndole, por ejemplo, el uso correcto del material y mejorando así su concentración.

CUIDADO CON LAS PANTALLAS

En la lista de límites por fijar es primordial limitar, incluso proscribir la utilización de las pantallas. Hoy en día es de notoriedad pública que las pantallas perjudican en gran medida al desarrollo de la concentración del niño. En un mundo cada vez más digitalizado, constatamos una explosión de los trastornos de la concentración y las pantallas son en buena parte responsables. Cuando el niño es pequeño, el adulto no debe recurrir a su uso para optimizar el desarrollo de su concentración. Quizás requiera más trabajo por tu parte al principio, pero apostar por las experiencias sensoriales te facilitará las cosas más adelante.

4

Una única dificultad
a la vez

L a noción de una única dificultad a la vez, avalada hoy en día por las neurociencias. es una observación fundamental realizada por Maria Montessori.

La estructura misma de nuestro cerebro y del cerebro del niño dificultan que nos concentremos en una tarea grande que requiere muchas y largas etapas antes de alcanzar el resultado. Sin embargo, **nos será más fácil focalizar nuestra acción sobre esa tarea si se compartimenta en varias etapas más cortas y fáciles de realizar**.

Por ello cada actividad Montessori ofrecida al niño solo ofrece una dificultad a la vez. Para que entiendas claramente cuál es el recorrido, aquí tienes una progresión en el área de vida práctica. Siguiendo este orden, el niño aprende a:
- verter grandes semillas de una jarra a otra;
- verter semillas más pequeñas de una jarra a otra;

- verter semillas todavía más pequeñas de una jarra a otra;
- escurrir una esponja;
- verter agua de una jarra a otra (🔍⊕ **foto 2**).

En la pedagogía Montessori el niño puede pasar de una actividad a la siguiente cuando la anterior está dominada. Si seguimos con el ejemplo anterior, siendo más fáciles de verter los elementos sólidos, vemos que el niño aprenderá a verter agua de una jarra a otra una vez que sepa manipular las semillas y sea capaz de usar una esponja para limpiar el agua que caiga en la bandeja o sencillamente para limpiar una pequeña gota.

De esta manera, el niño no se encuentra desorientado delante de una actividad en la que debe no solo manipular jarras, sino también una esponja, sin haber aprendido su manejo y uso.

Habrá que ir siempre un poco más allá y no dar al niño actividades demasiado sencillas con el propósito de que mantenga su concentración. Retomando nuestro ejemplo, cuando todavía está en la fase de aprender a verter grandes semillas de un recipiente a otro, verá colocadas en la estantería las bandejas de las semillas más pequeñas y el agua, lo que va a estimularle para llevar a cabo la actividad que tiene entre manos de la mejor manera posible. Estas ganas de ir más allá sin necesidad de haberse sentido en dificultades va a mejorar considerablemente la concentración del niño.

5

La libre elección

▶ Une evidencia ligada a la observación

Una vez más, **decidirse por dejar a los niños escoger el material surgió como algo evidente tras haberles observado**. Tal y como ya lo hemos contado, en la primera clase de Maria Montessori, la educadora era la encargada de escoger el material que distribuía a los alumnos a principio de la clase. Al final de la misma, recogía las actividades en un gran armario que cerraba con llave. Sin embargo, al llegar tarde una mañana, la educadora se percató de que se había olvidado de cerrar el armario el día anterior. Los niños habían cogido de manera espontánea el material y habían empezado a ejercitarse con seriedad en la tarea escogida. ¡Tal era el desconcierto de la educadora que llegó a hablar de robo! Maria Montessori le hizo notar que al contrario, eso era algo extraordinario, los niños se servían correctamente del material que conocían, se sentían libres, autónomos y concentrados: no había necesidad de esperar a las instrucciones del adulto.

A partir de ese día Maria Montessori instaló las estanterías bajas sin puertas para que los niños pudieran coger el material que les gustara de manera espontánea y natural.

Como ya hemos visto, el cerebro se concentra mejor cuando la actividad es fuente de placer. **Para favorecer la concentración del niño, permítele elegir su trabajo.**

Es el principio mismo de las etapas sensibles. Cuando un niño está en su etapa sensible de las matemáticas, por ejemplo, solo tendrá ganas de una cosa: contar, enumerar, calcular, etc. Si el adulto pone a disposición todo lo necesario para que progrese en ese terreno, constataremos fascinados la capacidad de concentración del niño, incluso siendo muy pequeño. Se centrará con facilidad y tendremos incluso la sensación de que habrá descansado de haber trabajado tanto ¡ya que su tarea correspondía exactamente con lo que necesitaba!

Maria Montessori lo experimentó con anterioridad: una vez, una niña pequeña de su primera escuela escogió una actividad y estaba tan concentrada trabajando en ella que, a pesar del ruido existente a su alrededor, y pese a que la señora Montessori levantó su silla, no desvió la atención sin antes haber manipulado el material durante horas.

Los seres humanos, y con mayor motivo los niños, poseen un profundo anhelo de autonomía; se ha demostrado que el hecho de sentir que podemos actuar en función de nuestras propias elecciones permite realizarnos y concentrarnos de manera más eficiente.

▶ La libre elección «supervisada» (enmarcada)

La libre elección es una noción que preocupa muy a menudo a los padres. Piensan que sus niños solo aprenderán a leer y nunca a contar. Esto no ocurre, porque en un momento dado los niños de un aula viendo el resto trabajar sobre actividades diferentes a las suyas, desean a su vez descubrirlas. Del mismo modo, los educadores guían a los niños para que descubran actividades en todos los campos.

En efecto, no olvidemos que **si bien hay libre elección, esta se efectúa en el marco de un entorno preparado por el adulto.** Su presencia es por lo tanto indispensable para guiar al niño y para moldear el entorno en el que este va a hacer elecciones.

En los sistemas educativos tradicionales, los niños raramente pueden elegir. Atienden enseñanzas y participan en excursiones, etc., seleccionadas por los adultos. Esto no favorece la concentración del niño, cuyo espíritu vagabundea a menudo hacia pensamientos o elementos del entorno que le interesan más. Uno de los escasos momentos donde pueden ejercer la libre elección es en el recreo. Son libres de divertirse como lo desean. ¿Acaso no es por esta misma razón, que tienen tanto éxito en los sistemas tradicionales? Mientras tanto en el sistema Montessori asistimos a lo siguiente: si no hay más remedio que ofrecerles a todos el recreo a la vez, muy a menudo los alumnos solicitan no ir para terminar su trabajo. Cuando están muy concentrados en su actividad, lo que viene a ser casi siempre, los niños desean seguir hasta el final. En los ambientes Montessori constatamos todos los días que la libre elección permite una verdadera concentración y de ella nace un amor profundo hacia el trabajo.

Sin embargo, hay que tener en cuenta que ciertos niños de más corta edad necesitan estar acompañados y que se les ofrezcan las actividades. Para ellos, escoger es quizás todavía difícil, algo por otro lado de lo más normal. En estos casos, el adulto está presente hasta que poco a poco el niño consiga ser autónomo en sus elecciones. No hay que apresurarle o forzarle a escoger, tiene que surgir de manera espontánea y ser fuente de satisfacción. Por ejemplo, si le ofreces escoger la ropa que se va a poner, demasiadas opciones pueden rápidamente provocarle desasosiego o un conflicto (querer ponerse unos pantalones cortos en invierno). Mejor déjale escoger entre dos conjuntos de prendas, de esta manera el niño aprenderá a elegir con naturalidad.

Para que la libre elección genere la concentración, procuraremos no poner demasiadas cosas delante del niño. Un ejemplo concreto bastante revelador es el menú de un restaurante. Cuando incluye un número incalculable de platos, nuestra atención se va a dispersar con rapidez y será difícil elegir: «Hay demasiadas cosas, no sé qué escoger».

Se trata pues de no ofrecer demasiado, esa es la clave esencial tras la libre elección en la que hay que pensar.

Para empezar, hay que aplicar lo anterior al diseño de cada actividad. Por ejemplo, si pides al niño clasificar frutas y hortalizas y le ofreces una veintena de etiquetas, no podrá concentrarse más e incluso, si ha escogido él mismo la actividad, mantendrá poco o nada su atención hasta el final del ejercicio.

En esa misma línea hay que reducir el número de opciones dentro del conjunto de actividades. El hecho de que las actividades estén colocadas sobre una estantería permite desde un principio que su número sea más reducido que dentro de un baúl para juguetes que muy pocas veces genera una atención constante. El número de ejercicios a disposición del niño no será muy importante para que no se disperse. Uno de los elementos más interesante de un entorno Montessori es que solo va a haber un ejemplar de cada actividad, así, si el niño quiere utilizar un material que está usando otro compañero de aula, aprende a tener paciencia y a esperar su turno.

Es importante no situar al niño en un ambiente con cien por cien de satisfacciones y cero obligaciones. Se hicieron unos experimentos con ratas que a base de hacer solo lo que satisfacía a su cerebro se olvidaban de comer. El papel del adulto es esencial para marcar los límites al niño y para enseñarle a concentrarse, aunque no obtenga enseguida lo que quiere. Hay que ser, por lo tanto, muy observador para crear el equilibrio justo entre proponer un número máximo de actividades que gusten al niño y sobre las que se concentrará durante mucho tiempo y empujarle a concentrarse a pesar de ciertas restricciones. Lo vemos en el ejemplo del niño que quiere trabajar con una actividad ya utilizada por otro. Por lo general, le gustará mirar con interés lo que hace el otro niño (aunque preferiría manipular el material inmediatamente) antes de que sea su turno.

Como ya se ha visto en el capítulo «El papel del adulto», la libre elección de la actividad no significa libertad de hacerla como se quiera. **Recuerda: una actividad, un objetivo, una manera de proceder.**

Cuando el niño crece hay que incitarle también a terminar lo que no ha podido acabar el día anterior. Por ejemplo, si no ha terminado un ejercicio de gramática antes de concluir el día de escuela, le pediremos al día siguiente que se concentre de nuevo en terminar su actividad, aunque hubiese preferido de manera espontánea escoger otra actividad.

Haciendo las cosas de esta manera, gradual y suave, ofreciendo de primeras un número máximo de actividades que le gustan al niño, podremos de manera progresiva llevarle a focalizar su atención incluso en temas y asignaturas un poco alejadas de sus intereses.

El movimiento

Otro aspecto fundamental de la pedagogía Montessori cuyo resultado se traduce en una mayor realización de los niños, es la incorporación del movimiento en los aprendizajes, tanto a nivel de motricidad global como de motricidad fina.

▶ La motricidad global

En un ambiente Montessori, como ya aludíamos en páginas anteriores, los niños se desplazan libremente para ir a buscar la actividad que han escogido, y para ponerla en su sitio después.

De esta manera se introduce el movimiento del cuerpo en su educación. Cualquiera que haya observado a un niño ha constatado **que necesita moverse siempre**, es parte de su naturaleza.

Por otro lado, el movimiento es el principio que distingue el reino del hombre y del animal del reino vegetal. Como bien decía Maria Montessori, «el movimiento es el *sine qua non* de la vida». Por tanto, si nos centramos en el bienestar del niño, no tiene sentido ofrecerle una educación que lo obliga a quedarse sentado en una silla durante todo el día. El niño necesita moverse, aprende gracias a ello y el movimiento está relacionado de forma directa con su concentración.

El niño escoge si trabaja en su mesa o sobre una alfombra, en función de lo que sea bueno para él. Ciertos ejercicios de vida práctica, no solo son un trabajo apasionante para el espíritu, sino también una buena manera de mejorar el uso de su cuerpo, dominando sus gestos y fortaleciéndolo. Limpiar la mesa, desenrollar la alfombras (⊕ foto 3), llevar una silla, son algunos ejemplos de actividades que permiten al niño perfeccionarse poco a poco en el control de su cuerpo. Los músculos y la inteligencia deben trabajar al unísono, no podemos separarlos.

Observaremos el verdadero dominio de la motricidad por parte del niño al notar la desaparición progresiva de movimientos superfluos. Cada gesto, cada acción será más precisa. Esto requiere una gran capacidad de concentración y tenemos que tenerlo siempre en cuenta cuando deseemos mejorar la capacidad de atención del niño: hay que evitar proponerle por un lado ejercicios que mejoren su inteligencia intelectual y por otro ejercicios para la inteligencia corporal. Las dos están ligadas y deben ir parejas para permitir al niño desarrollarse y realizarse.

Puede parecer complicado y no muy apropiado enseñar a los niños la perfección dentro de movimientos sencillos. Sin embargo, es a lo largo de la infancia cuando esos ejercicios van a resultarles apasionantes. A esa edad, los sistemas muscular y nervioso son todavía maleables, ello permite implantar de un modo duradero lo adquirido. Un niño que aprende a perfeccionar sus movimientos no lo olvidará nunca. **Querer desarrollar la concentración**

del niño dejando de lado la importancia del movimiento sería un sinsentido.

En un entorno Montessori los niños tienen libertad de movimiento, pero aprenden con rapidez a controlar sus gestos. Podemos con toda normalidad dejar que los niños se desplacen libremente si les hemos enseñado cómo moverse con tranquilidad, sin andar sobre la alfombra de sus compañeros de aula, sin empujarles. La libertad de movimiento, una vez más, se regula teniendo en mente el bienestar de todos y el crecimiento personal pleno. La pedagogía Montessori no es una pedagogía permisiva, sino un método juicioso, pensado en función de las necesidades fundamentales del niño.

Para ayudarle a concentrarse en sus movimientos, los ejercicios sobre la línea tienen una importancia crucial. Caminar es el primer gesto que el niño debe perfeccionar, clave para su equilibrio. Consulta el capítulo de «Vida práctica» (p. 79) si quieres descubrir diferentes actividades que puedes ofrecer al niño sobre el tema de la línea.

Otros ejercicios fundamentales que ayudan al niño a desarrollar la concentración y el control absoluto de sus movimientos son aquellos que le permiten alcanzar el silencio absoluto. Estas actividades gustan mucho a los niños y debemos considerarlas como ejercicios de coordinación de movimientos. Si un niño aprende a ser silencioso, será capaz de una excelente concentración. Encontrarás también ejemplos en el apartado «Actividades Montessori» (p. 77).

Al situar la motricidad global en el corazón de la educación del niño, le permitiremos convertirse en un niño feliz y concentrado. El niño alcanzará el control de su cuerpo a través de la repetición de actividades que le gustan e interesan. Se convertirá entonces, como ocurre en un entorno Montessori, en un ser que destaca por su tranquilidad, disciplina y el sentimiento de paz interior que emana de todo ello.

Al ser dueños de sus gestos, los niños son realmente libres y el control permanente de los adultos se convierte en superfluo. Como decía Maria Montessori sobre los niños que alcanzaban una verdadera mejora de sus acciones: «son seres «controlados», emancipados de la supervisión ajena gracias a su propio control».

Permitiendo al niño ejercitarse una y otra vez en actividades de la vida cotidiana –poner la mesa, barrer, quitar el polvo, regar las plantas, etc.– conseguimos inculcarle un verdadero dominio y una verdadera concentración (⊕ **foto 4**).

El niño dueño de sus acciones ya no depende del adulto: «la nueva educación no consiste solo en ofrecer los medios de desarrollo para sencillas acciones, sino también dejar al niño la libertad de disponer de dichos medios».

Lo que también es increíble al incluir el movimiento en la educación del niño es el consiguiente desarrollo de «un sentimiento social». Los niños que trabajan juntos están concentrados en su entorno, no desean saber si están haciendo una tarea que le incumbe a otro, si trabajan para ellos por el bien de todos. Por ejemplo, un niño que va a barrer el suelo no estará pensando: «No es justo, me obligan a limpiar porque Martin lo ha hecho mal». El niño está centrado en su entorno, siendo capaz de corregir sus «errores» (por ejemplo, limpiar el agua que ha derramado en el suelo). Está concentrado en sí mismo y no sobre el hecho de saber si le han engañado o si está haciendo una tarea que no le corresponde para buscar la aprobación del adulto.

Para permitir al niño experimentar una concentración plena, es indispensable incluir el movimiento ordenado y placentero en su educación.

▶ La motricidad fina

Si la motricidad global es indispensable de cara a la concentración del niño, la motricidad fina lo es del mismo modo. Maria Montessori observa que la construcción de la inteligencia se hace a través del bucle «mano-cerebro-mano»: manipulando objetos, la mano percibe informaciones que envía al cerebro. Este las asimila y la mano luego utiliza estos nuevos datos. De manera progresiva, la inteligencia se construye en contacto con el mundo real. Las manos del niño pequeño necesitan sensaciones variadas, agarrar pequeñas cosas, manipular formas. Todas estas actividades le permitirán entender el mundo a su nivel, y por tanto a desarrollar su concentración (🔍⊕ **foto 25**).

El desarrollo motor se efectúa a lo largo de la infancia, pasa de involuntario a voluntario, y sigue hasta alcanzar la autonomía. Este proceso depende del desarrollo del cerebro. **Por tanto, el trabajo de la mano es indispensable para permitir al niño concentrarse.** Observando el gesto correcto y entrenándose una y otra vez, el niño aprenderá a concentrarse de la mejor manera. Para que el niño se concentre, hay que dejarle actuar con sus propias manos.

Por ejemplo, si un niño escribe sus números al revés, el adulto tendrá tendencia a tacharlos y a reescribirlos de manera correcta. Sin embargo, de esta forma el niño no ha tenido la oportunidad de concentrarse en el gesto adecuado. En el método Montessori, si el niño no escribe correctamente, le damos al principio un voto de confianza porque sabemos que lo conseguirá. Le proponemos después pasar el índice y el dedo corazón siguiendo el contorno de la cifra recortada en un material rugoso (actividades con cifras y letras rugosas) o trazarlo en la arena. Esto le ofrece la oportunidad de centrarse sobre el gesto adecuado y asimilar así el sentido de escritura correcto (🔍 **foto 5**).

Todas las actividades de vida práctica y de vida sensorial son los primeros ejercicios fundamentales para desarrollar la concentración del niño. Para Maria Montessori, una de las tareas de la educación es fijar la atención del espíritu errante del niño sobre un objeto. Cuando se consigue, el niño lo ve como si lo descubriese por primera vez, generando tal entusiasmo que podrá concentrarse durante muchísimo tiempo, como si todo su ser se focalizara en ello.

Toda las actividades que descubrirás en el apartado del libro titulado «Actividades Montessori» (p. 77) deben ser preparadas para desarrollar la concentración del niño a través del trabajo de la motricidad fina. ¿Cuántos adultos se concentran mejor en una conversación telefónica mientras hacen garabatos sobre un papel? Esto muestra la conexión directa entre la mano y el cerebro y que su uso genera concentración.

Como ya hemos aludido, un niño puede pasar un largo rato limpiando una mesa y, una vez limpia, volver a limpiarla de nuevo. Lo que explica este comportamiento es que el objetivo de fondo para el niño detrás de esta actividad no es limpiar la mesa, sino poner sus manos al servicio de su intelecto, que necesita plena concentración.

El niño tiene un deseo profundo de reproducir las acciones llevadas a cabo por el adulto. Ahora bien, las herramientas utilizadas por este pueden ser demasiado pesadas o demasiado grandes; por ello, Maria Montessori diseñó herramientas adaptadas al tamaño del niño. Asimismo, como a menudo las técnicas de utilización de dichas herramientas no pueden extrapolarse al niño de manera directa, Maria Montesori replanteó también ciertos gestos para que fueran reproducibles por este. Cuando el adulto hace una presentación al niño, lo debe hacer con mucha precisión. Si bien de primeras puede parecer excesivo, se ha demostrado que el niño necesita esa precisión para concentrarse. Si no reproduce con exactitud el mismo gesto que el adulto, este no deberá interrumpirle para volverle a enseñar cómo hacerlo, corriendo el riesgo de distraerlo y hacerle perder su concentración. El adulto observará al niño y otro día podrá presentarle de nuevo la actividad con las instrucciones precisas respecto a cómo proceder.

Ya hemos visto que el objetivo del niño es la actividad en sí y no el cometido final de esta. Así y todo, Maria Montessori pensaba que era esencial que cada actividad tuviese una finalidad. Lo que permite al niño fijar su atención es el movimiento preciso centrado en una meta con la cual se pueda identificar, una meta que corresponde a su necesidad de ocuparse de su entorno y de participar en actividades que ve realizar al adulto.

El control de sus manos permite al niño concentrarse en una actividad escogida durante muchísimo tiempo. Disfrutará perfeccionando cada día su gesto y afinando su motricidad fina.

Maria Montessori afirmaba que todos los cambios ocurridos dentro de nuestro entorno a lo largo de la Historia han sido brindados por el trabajo de las manos. El ser humano modifica lo que se encuentra a su alrededor con sus movimientos.

Un niño que usa sus manos se concentrará aún mejor si entiende las nociones, lo que se espera de él en concreto y no en abstracto.

Cuando integramos que una pequeña perla representa el número 1 tocándola, manipulándola, y que un cubo representa el número 1000, la concentración habrá sido tal que ya no habrá necesidad nunca más de volver sobre estas nociones. Un niño que ha manipulado el material Montessori con sus manos no dirá jamás que 1+1000=2000. Ha tocado y se habrá concentrado tan bien en las cantidades que enseguida dirá «el resultado es 1001» (⊕ foto 6).

Todas las nociones, y poco importa el campo o la asignatura, cuando se han podido manipular se hacen mucho más fáciles de entender. El trabajo de la mano está ligado de forma directa a la concentración y es indispensable permitir al niño manipular si queremos ayudarle a focalizar su atención.

Además, el niño da muestra de una curiosidad tan grande que va disfrutar mucho descubriendo con sus manos. ¿Cuántos niños hemos visto pasando horas recogiendo guijarros del suelo?

El desarrollo de los sentidos

Tal y como ya hemos mencionado, una educación que se basa sobre el desarrollo de los sentidos es primordial para la concentración del niño.

El niño pequeño entiende el mundo que le rodea gracias al uso constante de todos sus sentidos. El sistema sensorial es la interfaz entre la vida psíquica y el mundo exterior. Podremos optimizar con mayores resultados sus cinco sentidos mientras el niño sea pequeño, lo que le permitirá una mayor comprensión de su entorno y como resultado concentrarse mejor. Un ejemplo muy concreto es el de la persona dotada de un oído absoluto. Su sentido auditivo está tan desarrollado que al escuchar una sinfonía puede percibir cada nota, cada matiz. Los sentidos están directamente relacionados con la concentración y Maria Montessori situaba su desarrollo en el corazón de la educación.

Además, si fomentamos un desarrollo temprano de los sentidos del niño, nos puede permitir detectar si necesita un seguimiento medico, o si tiene especificidades que el adulto que lo acompaña durante sus aprendizajes tiene que tomar en consideración. No es infrecuente, por ejemplo, detectar mediante los ejercicios de desarrollo del oído si el niño tiene una leve sordera que será corregida con facilidad mientras sea joven. A través de otros ejercicios podemos darnos cuenta asimismo de si el niño es daltónico.

No podemos descuidar ninguno de los sentidos. Cuando el desarrollo de nuestros sentidos no ha sido suficiente, solemos tener tendencia a concentrarnos mejor apoyándonos en nuestro sentido preferido. Por ejemplo, las personas con un buen oído dirán que necesitan escuchar para aprender, las que tengan una vista más desarrollada, requerirán la lectura, etc. Sin embargo, si se desarrollan los cinco sentidos del niño cuando es pequeño, este conseguirá concentrarse sin importar el sentido utilizado. En el apartado «Actividades Montessori» (p. 77) descubrirás numerosas actividades que te permitirán acompañar al niño en la mejora y el afinamiento de sus sentidos.

¡No olvides el olfato, a menudo descuidado! No solamente es uno de los primeros sentidos en afianzarse y que se revela muy importante para tranquilizar al lactante, sino también se dice de él que es el más arcaico, el más instintivo de nuestros sentidos. Ciertos olores, de manera muy específica, encierran un poder de evocación muy potente: nos recuerdan enseguida un recuerdo muy preciso. La memoria olfativa parece funcionar como una memoria aparte, con mayor persistencia en el tiempo y dotada además de la capacidad de grabar el contexto sensorial y emocional al mismo tiempo que el olor.

Lleva a tu niño a una granja, que huela los diferentes olores, al mercado, a una tienda de quesos, proponle sentir siempre el perfume de las flores que pueda encontrar a su alrededor, etc. Un niño se concentrará mejor si percibe su entorno a través de los sentidos.

El desarrollo del gusto es también un aspecto importante para comprender mejor el mundo. Habrá que hacerlo de tal manera que probar algo sea siempre una satisfacción para el niño. Para ello, un alimento no puede ser nunca una recompensa y hará falta, en la medida de lo posible, involucrar al niño en la preparación de las comidas, meriendas, tentempiés, etc. Así, el momento de la comida será un placer para el niño, al encantarle participar en las tareas del adulto. Descubrirá las especias, las hierbas aromáticas, la verdadera forma de las frutas o de las hortalizas, etc. Podrá probar un alimento sin salsa y luego notar la diferencia con una salsa... Si el niño ve que el adulto se deleita, su planteamiento será positivo de cara a la alimentación y disfrutará ampliando su sentido del gusto. Una vez más, alguien con un paladar muy desarrollado tendrá una capacidad de concentración tal que percibirá en el plato todos sus sabores y sutilezas.

El desarrollo auditivo deber tener a su vez un verdadero espacio dentro de la educación. Constatamos a menudo en las familias de músicos que los niños gozan de una excelente capacidad de escucha y de concentración auditiva. Todo lo que se desarrolla en la infancia queda «anclado» de manera duradera. Como consecuencia de ello, la música debe tener un lugar apropiado en la pedagogía. Cuando escuchemos una melodía, nos concentraremos en ella, no es solamente una música de fondo. Ofreceremos al niño instrumentos de verdad que produzcan sonidos hermosos para que su cerebro grabe las tonalidades correctas. Al exterior, le propondremos escuchar los diferentes cantos de los pájaros; con el juego del silencio, intentaremos captar todos los ruidos que oímos en el entorno, etc. Una buena capacidad de comunicación se traduce también por ser capaz de escuchar a los otros y concentrarse en lo que dicen. Ayudar a los niños a centrarse sobre el sentido del oído, se revela necesario si lo que deseamos es que se sientan cómodos dentro de su entorno.

El desarrollo táctil es básico como ya hemos visto en el capítulo sobre la motricidad fina. Se ha demostrado que en cuanto los bebés pueden agarrar un objeto, les interesa de manera más intensa y se concentran en él para observar todos sus aspectos. El trabajo de la mano en conexión directa con el cerebro es indispensable para el desarrollo de la concentración. Una de las principales razones por la cual los niños se concentran de un modo tan impresionante en un entorno Montessori es porque una parte esencial del material propone una interacción manual.

El desarrollo visual a menudo es el más trabajado. Es cierto que es crucial enseñar al niño a observar y concentrarse en lo que ve. La mayoría de los aprendizajes arrancan con la vista y facilitaremos la vida de los más pequeños afinando y mejorando siempre más en este sentido. De nuevo, existen numerosos ejercicios que permitirán al niño aprender a captar todos los matices, el menor de los detalles que tanto le gusta encontrar. Una buena capacidad de concentración se sustenta a su vez sobre un excelente desarrollo del sentido de la vista.

El niño se sentirá aún más capaz de concentrarse en su entorno, al que habrá aprendido a querer, a ver en él toda su belleza y sus sutilezas. Al despertar nuestros cinco sentidos, nos damos cuenta de hasta qué punto la Tierra es maravillosa y este asombro constante nos permite sentirnos bien en nuestro entorno. Como ya hemos comentado, para desarrollar la concentración, el niño tiene que disfrutar ¡Qué ventaja, qué suerte pensar cada día que el mundo que nos rodea es extraordinario y excepcional!

TERCERA PARTE

ACTIVIDADES MONTESSORI

· · · · · · · · · · · · · ·

La vida práctica

Cuando Maria Montessori entregó a los niños el material de vida práctica, observó que incluso los muy pequeños eran capaces de mantener una gran concentración durante un largo periodo de tiempo, cosa que no hubiera imaginado nunca antes.

Se dio cuenta de que al proporcionarles materiales y experiencias que nutrían la necesidad de crecimiento de su cuerpo y de su cerebro, eran capaces de mostrar un alto nivel de atención y concentración.

El material de vida práctica necesita objetos de la «verdadera» vida en casa, y tiene como resultado el desarrollo de auténticas habilidades. Estos objetos cotidianos lucirán de una manera muy diferente cuando estén colocados sobre una bonita bandeja o cesta, y cuando cuidemos con esmero la estética de la actividad. ¡Para el niño, esos objetos se transforman en la promesa de nuevas cosas que aprender y hacer!

Este material ayuda al niño a centrar su atención. Como ya hemos dicho antes, aprender a concentrarse es la clave del crecimiento de ciertas áreas del cerebro, las mismas que fomentarán luego la autodisciplina y el aprendizaje.

Las actividades de vida práctica ofrecen a los niños pequeños la posibilidad de usar objetos de verdad y llevar a cabo tareas reales. Para los padres que están acostumbrados a comprar solo juguetes a sus hijos esto puede parecer sorprendente. Pero a los niños les fascina el hecho de tener la oportunidad de trabajar con ese tipo de material y adquirir auténticas habilidades.

Las actividades de vida práctica deben aislar las habilidades y las experimentaciones para alentar la concentración y permitir al niño un intenso entrenamiento de esa capacidad.

Las actividades de vida práctica son las primeras etapas que debe franquear el niño de 18 meses a 4 años. Empieza con este tipo de actividades y los primeros materiales de vida sensorial, y sigue progresando. Si empezamos las actividades Montessori con niños de 5/6 años, es muy importante no saltarse estas experiencias que serán muy útiles para su desarrollo.

Ciertas actividades de vida prácticas se mezclan con actividades de tipo sensorial, como, por ejemplo, las clasificaciones usando una pinza o una cuchara.

▶ Preparación de las actividades

Una actividad de vida práctica será colocada en su totalidad sobre una bandeja, una cesta o una caja, y siempre con el conjunto del material visible por el niño. Se colocará en una estantería a su altura de manera que pueda cogerlo sin ayuda.

En casa no es necesario tener la totalidad del material disponible en un aula Montessori; lo importante es disponer de un material, bien escogido para responder a los intereses del niño en ese momento. Mantendremos la actividad hasta que el niño empiece a distorsionar su finalidad y/o a estropearla. El niño es libre de explorar la actividad y la dejaremos en su sitio mientras la use de manera correcta, limpie todo lo que se pueda caer, y la coloque de nuevo en la estantería lista para ser reutilizada otra vez. En caso contrario, habrá que retirarla y preparar otra que estimulará de nuevo su interés.

Propón siempre actividades que puedan ser realizadas por el niño, no lo pongas en aprietos, porque podría negarse a trabajar, toda su confianza en sí mismo podría desvanecerse y su necesidad de concentración podría perturbarse si lo pusieras en una situación de fracaso.

Ciertas actividades de vida práctica se pueden realizar también en el exterior o en la cocina, como preparar las comidas.

Sería adecuado montar el área de trabajo del niño instalando una mesa y una silla adaptadas a su altura cerca de la estantería para que se pueda acomodarse bien con su cesta o bandeja.

No te olvides de colocar en las bandejas una esponja cuando se trate de cualquier ejercicio con agua (así como una pequeña toalla por si se derrama algo), la alfombrilla para delimitar su espacio de trabajo, o el hule para proteger la mesa si fuera necesario con esa actividad en concreto. Puede resultar muy útil tener un pequeño aspirador manual cerca de la estantería para los ejercicios en los cuales se manipulan semillas pequeñas como el arroz, la sémola, sal, etc.

Si la actividad se realiza en el suelo, no olvidaremos colocar cerca de la estantería una alfombra; el niño habrá aprendido primero a enrollarla y desenrollarla bien.

Sabemos que el niño absorbe todo de su entorno inmediato: por ello es necesario preparar siempre bandejas hermosas, limpias, ordenadas y pensar en la estética de lo que colocamos encima de ellas. Además, preparar una bandeja bonita atraerá al niño por su estética y será para él una promesa de cosas nuevas y divertidas que hacer.

Piensa en utilizar materiales diferentes: madera, cristal, mimbre para la cesta, lana, cerámica, tejidos, diferentes semillas secas, piedras y cualquier material que pueda añadir un elemento diferente al tacto del niño y que tenga como resultado estimular su interés. El niño necesita de veras ser expuesto a otros materiales además del plástico.

No mezcles las bandejas o cestas de actividades con los juguetes. Deben instalarse en sitios muy diferentes.

Resumiendo, una bandeja de actividades de vida práctica se caracteriza por unos elementos muy precisos:
- Se necesita usar una variedad de materiales y de contenidos que sean siempre estéticos, limpios y bonitos. Del mismo modo hay que pensar en los sonidos que sean diferentes en función de los recipientes y de lo que se vierta.
- Todo el material necesario debe encontrarse en la bandeja, la cesta o la caja.

- Todo tiene que estar organizado, bien colocado, ser atractivo y estético.
- La actividad solo puede tener una única dificultad, el punto de interés que va a permitir la concentración del niño.
- Debe incluir el control de error (para una actividad de clasificación, por ejemplo, el color de los botes que correspondan al color de los objetos a clasificar, pegatinas de colores, foto de la actividad bien hecha, etc.)

Presentación de las actividades

Es imprescindible realizar siempre una presentación del material. Efectuaremos esa presentación desde el principio de la actividad hasta su final. Es decir, si se trata, por ejemplo, de una actividad que se hace sobre el suelo, empezaremos por ir a buscar la alfombra y desenrollarla, y terminaremos recogiendo la bandeja, enrollando y recogiendo la alfombra. Es lo que llamamos «el ciclo de la actividad», primordial para conseguir que el niño se concentre.

La actividad en sí misma concluye cuando todo el material se encuentra en su estado inicial.

Enseña el material lentamente, insistiendo sobre los puntos de interés, ahí también el niño se podrá concentrar solo en las manos.

El adulto presenta y el niño mira. Haz que la demostración se parezca un poco a una «obra de teatro» en la cual interpretarías con tus manos y el material.

Hay que adoptar una actitud que trasmita al niño las ganas de empezar con la actividad después de la «actuación». En efecto, enseñarle cómo utilizar el material no es el único objetivo de la presentación, se trata sobre todo de despertar sus ganas, su motivación y de cautivar su atención.

Haz una presentación lenta y silenciosa (si acaso una palabra si no hay más remedio) y pon en relieve el punto de interés de esa actividad. Exagera los gestos de la mano. Podemos decir al principio: «Mira lo que hacen mis manos».

Si hablamos demasiado durante la presentación, las palabras pueden distraerle, y como consecuencia el niño no podrá concentrarse como es debido sobre los gestos que hay que hacer.

Enseña al niño que el material debe ser manipulado con cuidado y respeto.

Muestra el control de error haciendo la presentación: por ejemplo, con un ejercicio para verter el agua, mientras estés presentando, haz caer un poco de líquido, párate, coge la esponja, limpia con cuidado, vuelve a colocar la esponja y retoma el vertido. De esta manera el niño entenderá cómo hay que actuar cuando derrame agua.

Cometer un error en Montessori es una oportunidad para aprender.

Ya que todas las actividades se harán de izquierda a derecha, como preparación indirecta a la lectura y a la escritura, los elementos deben estar colocados de forma correcta; por ejemplo, los recipientes llenos a la izquierda para un ejercicio que incluya verter líquidos, para un diestro, la cuchara colocada delante de los pequeños recipientes tendrá su mango dirigido hacia la derecha para permitir al niño cogerla con más facilidad.

Las actividades de vida práctica

La manera más sencilla de realizar actividades de vida práctica es implicar al niño en las tareas cotidianas de la casa. ¡Hay muchas cosas en las que puede ayudar! Si a veces no puede hacer la acción en su totalidad, podemos fraccionarla en diferentes etapas y dejarle ejecutar unas cuantas y poco a poco ir añadiendo más. A los niños les encantan participar en la vida de la casa al lado del adulto.

A CONTINUACIÓN UNAS CUANTAS IDEAS DE EJERCICIOS DE VIDA COTIDIANA

- Abrir y cerrar puertas o armarios.
- Abrir y cerrar tapas de cajas, tapones de tubos, etc.
- Poner la ropa en la cesta de la ropa sucia o en la lavadora.
- Sacarla, clasificarla, doblarla.
- Recoger un cajón con cubiertos.
- Colgar ropa en el tendedero 🔍 foto 22.
- Colgar un paño de cocina.
- Lavarse.
- Barrer.
- Limpiar los cristales.
- Limpiar el interior y el exterior del coche.
- Recoger hojas muertas.
- Regar las flores o las plantas del jardín.
- Cepillar, dar de comer a un perro, cuidar de un animal.
- Manipular un cuchillo con cuidado.
- Limpiar el polvo.
- Limpiar una mesa o una silla.

→

- Limpiar sus zapatos.
- Pulir un objeto.
- Preparar un sándwich.
- Poner los cubiertos 🔍⊕ **foto 4**.
- Sembrar semillas en el jardín.

▶ Los ejercicios para aprender a verter

🔍⊕ **foto 7**

En todas las escuelas Montessori disponemos de un cierto número de actividades de trasvase y de verter que formarán parte de los primeros ejercicios ofrecidos a los niños: se trata de verter elementos grandes como garbanzos; por ejemplo, hasta los más finos como la sémola, y después agua.

Estos ejercicios no solo preparan a los niños para tareas que tendrán que realizar en su vida cotidiana como servir agua en un vaso, pero permiten además concentrarse mucho en lo que hacen. Por otro lado, son excelentes para el desarrollo de la motricidad fina, sobre todo el gesto necesario para agarrar el lápiz y escribir.

Será importante al principio, poner pocos elementos a servir y cosas fáciles, para que el niño haga la acción hasta el final y mantenga su concentración. Luego, poco a poco, podremos complicar la acción añadiendo accesorios como una cuchara o un embudo, o un colador con elementos a pasar de un recipiente a otro, con el fin de alargar el tiempo de concentración.

Ejercicio sencillo para aprender a verter

Material necesario

- Una bandeja: cuando el niño sea muy pequeño, escógela de madera con asas y muy ligera. Puede ser también de plástico, ya que se limpia con facilidad.
- Pequeñas jarras idénticas en forma y color y con un volumen idéntico, lo bastante ligeras para que el niño pueda sostenerlas por el asa.
- Semillas para servir: al principio elementos bastantes grandes como la pasta grande tipo macarrones, garbanzos, judías blancas, granos de café, y luego cada vez más finos como lentejas, arroz, sémola, sal…

Presentación

- Coge la bandeja con las dos manos y llévala con tranquilidad hacia la mesa.
- Colócala despacio delante del niño y siéntate siempre a la derecha si ese es su lado dominante (en este caso si el niño es diestro, al revés si es zurdo y si no lo sabemos todavía, a la derecha por defecto).
- Muestra la jarrita con las judías blancas y enseña la boquilla por donde van a caer las judías (esta jarra tiene que estar a la izquierda).
- Coloca la jarrita vacía en el centro de la bandeja.
- Con el pulgar, el índice y el dedo corazón («la pinza»), coge la jarra que contiene las judías.

- Llévala hasta que la boquilla esté justo encima y en el centro de la jarra vacía, sin tocarse (usando el índice de la mano izquierda para aguantarla).
- Levanta la jarrita llena hasta que las judías empiecen a caer de manera lenta en el centro de la jarrita vacía.
- Cuando haya caído la última semilla, vuelve a colocar despacio la jarra sobre la bandeja.
- Recoge las judías que hayan caído en la bandeja, la mesa o el suelo durante el proceso (este es el control de error).
- Da la vuelta a la bandeja de manera que la jarra vacía ahora esté a la izquierda o vuelve a hacer la actividad en sentido inverso.
- Repite el ejercicio vertiendo de una jarrita a la otra.
- Coloca en su sitio sobre la bandeja las dos jarras y verifica que ninguna judía ha sido derramada fuera. En caso contrario, recógelas con el pulgar, el índice y el corazón, y vuelve a meterlas en el recipiente.
- Ofrécele al niño que haga a su vez el ejercicio.

Una vez dominados los ejercicios de «verter» semillas, podemos ofrecer las actividades con el agua, añadiendo a la bandeja un platillo en el cual pondremos una pequeña esponja (coger una esponja grande y cortarla en cachitos).

Podemos crear así una bandeja con recipientes de porcelana blanca y granos de maíz amarillos, este tipo de disposición atraerá mucho al niño.

Tenemos la posibilidad de diseñar actividades más difíciles y que requieran mayor concentración, añadiendo cucharas, pinzas, cuentagotas con agua.

Un ejercicio que necesita de una mayor concentración todavía es la utilización de una cucharilla, como las que se usan para dosificar, de hasta 0,625 ml, con semillas muy pequeñas, tipo lentejas, que habrá que mover de un pequeño plato a otro idéntico. Además, el agarre de la pinza se asemeja muchísimo al agarre del lápiz.

VIDA PRÁCTICA

Pinzar

VIDA SENSORIAL

▶ Ejercicios con pinzas

Es conveniente en este caso empezar con ejercicios sencillos, usando pinzas para tender la ropa, para que el niño aprenda en un principio a cogerla, que sea capaz de abrirla y luego sepa ponerla sobre el borde de un recipiente.

Después podemos crear varias bandejas con diferentes tipos de pinzas y objetos a trasladar de un recipiente a otro o colocar elementos de un recipiente en las compartimentos de una cubeta para los hielos, por ejemplo.

El ejercicio más difícil dentro de la serie de ejercicios con pinzas es el de depositar en una jabonera granos de maíz, garbanzos o lentejas con unas pinzas de depilar. Este último ejercicio puede ser ofrecido a niños más mayores porque requiere un muy buen dominio del agarre con los dedos (la «pinza») y una gran concentración.

Tal y como se ha mencionado con anterioridad, podemos asociar una actividad con pinzas a una clasificación sensorial.

Ejercicio sencillo con pinzas

 ## Material necesario

- Una bandeja.
- Unas pinzas para servir caracoles.
- Un plato o fuente para servir caracoles (con alveolos).
- Conchas de caracol (tantas como alveolos).
- Un pequeño cuenco (recipiente donde colocamos las conchas).

Presentación

- Coge la bandeja con las dos manos y llévala con tranquilidad hacia la mesa.
- Colócala despacio delante del niño y siéntate siempre a la derecha si ese es su lado dominante (en este caso si el niño es diestro, al revés si es zurdo y si no lo sabemos todavía, a la derecha por defecto).
- El recipiente con las conchas debe colocarse a la izquierda.
- Coge las pinzas con el pulgar, el índice y el dedo corazón (la pinza) e insiste en el gesto de agarre de la herramienta con los tres dedos.
- Abre las pinzas.
- Coge una concha de caracol.
- Mueve la mano hacia la derecha.
- Deposita la concha en uno de los alveolos.
- Sigue hasta que ya no queden conchas en el recipiente.
- Repite la actividad a la inversa, cogiendo las conchas y dejándolas de nuevo en el recipiente.
- Ofrécele al niño que haga a su vez el ejercicio.

Control de error

- Las conchas que caen sobre la bandeja o en otro sitio.
- El niño no consigue coger las conchas con las pinzas.
- Hay varias conchas en un solo alveolo o todavía quedan conchas en el recipiente.

· ·

Ejercicio con pinzas de depilar

 ### Material necesario

- Una bandeja.
- Unas pinzas de depilar.
- Una minialfombra de ducha con ventosas colocada al revés.
- Un recipiente con garbanzos o granos de maíz o, más difícil todavía, lentejas.

Presentación

- Coge la bandeja con las dos manos y llévala con tranquilidad hacia la mesa.
- Colócala despacio delante del niño y siéntate siempre a su derecha si ese es su lado dominante (en este caso si el niño es diestro, al revés si es zurdo y si no lo sabemos todavía, a la derecha por defecto).
- El cuenco con los garbanzos tiene que estar colocado a la izquierda.

- Coge las pinzas con el pulgar, el índice y el dedo corazón (la pinza) e insiste en el gesto de agarre de la herramienta con los tres dedos.
- Coge un garbanzo.
- Mueve la mano con las pinzas hacia la derecha.
- Deposita el garbanzo en una ventosa de la minialfombra de ducha (lo mejor es empezar arriba a la izquierda y seguir respetando el sentido de la escritura)
- Sigue así hasta tener unos cuantos garbanzos colocados y propón al niño que siga con la actividad.
- Haz de nuevo la actividad a la inversa, cogiendo cada garbanzo y dejándolo en el cuenco.

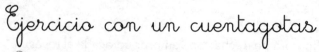

Ejercicio con un cuentagotas

 ### Material necesario

- Una bandeja.
- Un cuentagotas.
- Una esponja.
- Un paño de cocina.
- Dos vasos pequeños.
- Agua teñida (con un colorante alimentario).

 ### Presentación

- Coge el cuenta gotas con la «pinza».
- Aprieta el cuentagotas para coger agua.
- Trasvasa el líquido al otro vaso siempre de izquierda a derecha.

- Sigue o proponle al niño continuar.
- Haz de nuevo la actividad en sentido inverso.
- Limpia el agua derramada sobre la bandeja.
- Vuelve a colocar la bandeja en su sitio.

 Control de error

- Derramar agua.
- Ser incapaz de apretar bien el cuentagotas para coger agua.

. . . .

Trasvasar agua con un cuentagotas a una jabonera

Esta modalidad requiere aún más concentración: la introduciremos cuando el niño domine la actividad anterior ⊕ **foto 8**.

 Material

- Una bandeja con un cuentagotas (relleno con agua teñida).
- Una minialfombra de ducha con ventosas colocada al revés
- Una pequeña esponja.
- Un pequeño paño de cocina.

 Presentación

- Lleva la bandeja a la mesa.
- Haz la «pinza».
- Aprieta el cuentagotas para coger agua.

- Deposita una gota de agua sobre cada ventosa.
- Haz dos e invita al niño a que siga.
- Una vez rellenadas todas las ventosas, coge la esponja y sécalas.
- Vuelve a colocar la bandeja en su sitio.

 ### Control de error

- Derramar gotas sobre la bandeja.
- Depositar demasiadas gotas o muy pocas.
- Ser incapaz de apretar bien el cuentagotas para coger agua.

• •

Mezcla de una actividad de pinza y una actividad de clasificación

 ### Material

- Una bandeja.
- Una cubeta con tres líneas de compartimentos para hielos.
- Unas pinzas. Unos pompones de tres colores diferentes (un número igual de pompones que de compartimentos).
- Un recipiente bonito para meter los pompones.

 ### Presentación

- Coge la bandeja con las dos manos y llévala con tranquilidad hacia la mesa.

- Colócala despacio delante del niño y siéntate siempre a su derecha si ese es su lado dominante (en este caso si el niño es diestro, al revés si es zurdo y si no lo sabemos todavía, a la derecha por defecto).
- El bote con los pompones tiene que estar colocado a la izquierda y la cubeta a su derecha.
- Las pinzas deben estar colocadas de tal manera que la parte con la cual se manipula la herramienta esté a la derecha si el niño es diestro, a la izquierda si el niño es zurdo.
- Agarra las pinzas con el pulgar, el índice y el dedo corazón (la pinza) y insiste en el gesto de agarre de la herramienta con los tres dedos.
- Abre las pinzas.
- Coge un pompón.
- Mueve la mano hacia la derecha.
- Coloca un pompón sobre la primera línea.
- Sigue, colocando un pompón de otro color en la segunda línea. Luego un pompón de un tercer color sobre la tercera línea.
- Ofrece al niño seguir.
- Haz de nuevo la actividad a la inversa, pasando los pompones con las pinzas de la cubeta al recipiente.

VIDA PRÁCTICA

Pinzar

VIDA SENSORIAL

 ### Control de error

- No conseguir agarrar las pinzas y coger algo con ellas.
- Los pompones del mismo color no se encuentran en la misma línea.
- Dejar caer pompones sobre la bandeja.
- Dejar compartimentos vacíos.

> Al añadir la clasificación sensorial a la actividad con pinzas, el niño debe concentrarse más. Hay que tener mucho cuidado en pedir solo una clasificación por colores o por forma y no las dos a la vez. Esta actividad de clasificación solo es útil e interesante si el niño domina las tareas con las pinzas sin clasificar.

▶ Ejercicios de reciprocidad (correspondencia)

Enroscar y desenroscar tapas diferentes sobre botes de diferentes diámetros

Esta nueva actividad permite al niño concentrarse sobre la acción de abrir y encontrar la tapa que corresponde al bote correcto.

🔍 **foto 9**

 Material

- Una bandeja con una cesta llena de botes con las tapas cerradas. Los botes deben tener diámetros diferentes (unos cuatro para empezar, luego seis).
- Una pequeña alfombra.

1. Mesa y silla (p. 38)

2. Verter (p. 58 y 87)

3. Desenrollar la alfombra (p. 66)

4. Poner la mesa (p. 68 y 86)

5. Cifra rugosa (p. 70)

6. Introducción al sistema decimal con bolas (p. 72)

7. Bandeja con actividad de verter (p. 86)

8. Cuentagotas (p. 93)

9. Enroscar y desenroscar los frascos (p. 96)

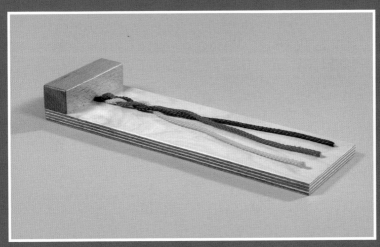

10. Ejercitarse tejiendo (p. 100)

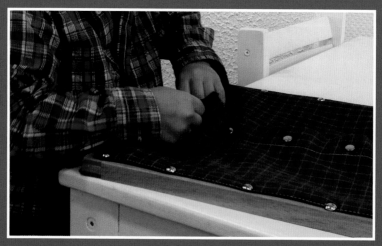

11. Bastidores o marcos para vestirse (p. 107)

12. Móvil (p. 124)

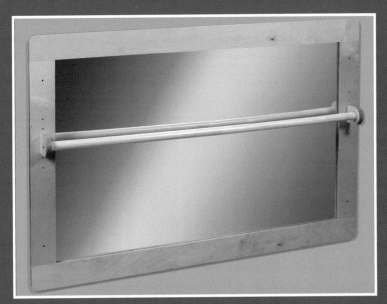

13. Espejo y barra (p. 127)

14. Clasificación de las pajitas (p. 130)

15. Tubos sensoriales (p. 131)

16. Caja de colores (p. 135)

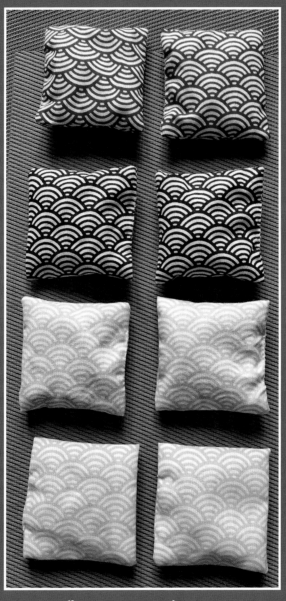

17. Saquitos sensoriales (p. 138)

18. Bolsa misteriosa (p. 139)

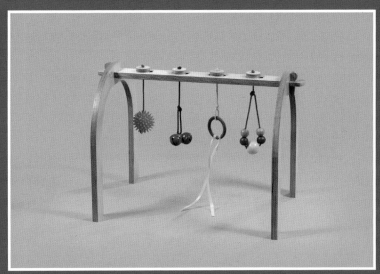

19. Pórtico (p. 126)

20. Cubo del trinomio (p. 144 y 167)

21. Figuritas (p. 172)

22. Tender la ropa (p. 85)

23. Cepillar una fruta (p. 85 y 86)

24. Los cilindros (p. 43)

25. Trabajo con las manos (p. 69)

26. Los cilindros de colores (p. 121)

27. El cubo del binomio (p. 142)

Presentación

- Desenrolla la pequeña alfombra.
- Pon la cesta en la esquina superior izquierda de la alfombra.
- Enseña los tres dedos que forman la «pinza».
- Desenrosca un bote con la mano dominante situándote en el centro de la alfombra.
- La mano no dominante agarra el bote colocado sobre la alfombra, mientras la otra desenrosca.
- Deja el bote arriba a la izquierda de la alfombra y la tapa a la derecha pero no enfrente.
- Colócalos organizados en dos columnas: los botes al lado izquierdo y las tapas al lado derecho.
- Cuando todo está desenroscado, coge un bote con la mano no dominante, colócalo firmemente en medio de la alfombra, coge la tapa que le corresponde y enróscala con la mano dominante.
- Recoge el bote con su tapa en la cesta.
- Coge otro bote y empieza de nuevo, e invita luego al niño a que siga.

 ## Control de error

- No ser capaz de asociar la tapa correcta al bote correspondiente.
- No enroscar bien la tapa al bote.

. . . .

Las tuercas y los pernos

Cuando el niño domina esta actividad, puedes preparar una cesta con tuercas y pernos de diferentes dimensiones.

VIDA PRÁCTICA

Hacer correspondencia

VIDA SENSORIAL

El niño tendrá que concentrarse entonces en dos actividades: enroscar (ya aprendió con los botes, pero aquí es mucho más largo) y encontrar qué tuerca va con qué perno.

 ## Material

- Varias tuercas y pernos de diferentes tamaños (al menos cinco).
- Una pequeña cesta que contenga las tuercas y los pernos.
- Una alfombrilla de fieltro fino para cubrir la pequeña cesta.

 ## Presentación

- Lleva la cesta con las tuercas y los pernos a la mesa.
- Pon la cesta en la esquina superior izquierda de la alfombra.
- Despliega la alfombrilla.
- Coge una tuerca con la mano izquierda.
- Usando el pulgar, el índice y el dedo corazón desenrosca la tuerca.
- Coloca el perno al lado derecho de la alfombrilla.
- Coloca la tuerca del lado izquierdo de la alfombrilla.
- Sigue así con todas las tuercas y pernos.
- Escoge una tuerca y busca el perno correspondiente.
- Enrosca el perno en la tuerca girando solo el perno y coloca el par en la cesta.
- Ofrece al niño seguir.
- Una vez terminada la actividad, dobla la alfombrilla.
- Lleva de nuevo la cesta a la estantería.

 ## Control de error

- Todos los pernos y las tuercas son de tamaño diferente.
- El niño no consigue enroscar hasta el final.

Las llaves y los candados

Aquí tienes otra actividad para mejorar el desarrollo de la concentración.

Material

- Una cesta.
- Tres o cuatro candados de tamaños diferentes con sus llaves correspondientes de formas o dimensiones diferentes.
- Un mantel individual.

Presentación

- Coloca el mantel individual encima de una mesa.
- Coloca la cestita con los candados en la esquina superior derecha del mantel.
- Saca un candado y ponlo en el centro abajo del mantel.
- Coge una llave e intenta abrir un candado.
- Prueba todas las llaves, una sola abrirá el candado.
- Una vez abierto, deja el candado sobre la esquina superior izquierda del mantel.
- Deja la llave con la que has abierto el candado en la columna a la derecha, pero no enfrente del candado.
- Sigue con un segundo candado.
- Invita al niño a seguir con el ejercicio.
- Cuando todos los candados estén abiertos, vuelve a coger cada llave, métela en el candado correspondiente, cierra el candado y guárdalo en la cesta. Haz lo mismo con todos los candados.
- Dobla o enrolla el mantel y déjalo sobre la cesta.

VIDA PRÁCTICA

Tejer

VIDA SENSORIAL

 Control de error

- No ser capaz de encontrar la llave correcta.
- No conseguir abrir o cerrar los candados.
- No completar el ejercicio.

▶ Ejercitarse tejiendo

Estas actividades requieren también una gran concentración, hay que fijarse con atención en cada color de los hilos y pasarlos por arriba y por debajo. 🔍 **foto 10**

● ●

Tejer con tres hilos

 Material

- Tres hilos gruesos de tres colores diferentes: rojo, amarillo, azul.
- Una tablilla de madera en cuya parte superior fijaremos los tres hilos juntos después de anudarlos.

 Presentación

- Coge el hilo amarillo con los dedos formando «la pinza».
- Pásalo por arriba del hilo rojo.
- Coge el hilo rojo con «la pinza» y pásalo por arriba del azul.
- Vuelve a hacerlo otra vez con gestos muy lentos.
- Pregúntale al niño si quiere seguir.
- Cuando todos los hilos estén trenzados, deshazlos.

Control de error

- El niño no consigue hacer la trenza.

✏️➡️ **Actividades posteriores**

Cuando el niño domine este trenzado, puedes presentarle uno que tenga cordones del mismo color, más adelante con hilos más finos. De este modo conseguiremos que su concentración sea más fuerte y prolongada.

▶ Ejercicios de cuidado del entorno

Los ejercicios que llamamos de cuidado del entorno son también excelentes para el desarrollo de la concentración. El niño tendrá que pensar de qué manera realizará la acción, ya que los ejercicios le exigen colocar todo lo necesario respetando la secuencia de utilización.

Estas actividades son ejercicios de mayor duración; por tanto, requieren al niño estar concentrado más tiempo.

Si deseamos que el niño sea autónomo para vivir en un lugar ordenado y limpio, es importante que tengamos en cuenta estos ejercicios, que van a permitirle cuidar de todo lo que hay en su entorno.

Se trata de los siguientes ejercicios: barrer, quitar el polvo, limpiar la mesa, la silla, las hojas de una planta, abrillantar los objetos metálicos, limpiar los zapatos, el espejo, pulir un trozo de madera, doblar siguiendo una línea, lavar la ropa, etc.

Estos ejercicios se preparan todos de la misma manera. No hay que olvidar el hule para cubrir la mesa y si acaso, ya que ciertos productos manchan, un delantal para el niño.

• •

Limpiar el espejo

 ## Material necesario

- Una cesta.
- Un hule.
- Un delantal.
- Un espejo.
- Un frasco con el producto de limpieza (usamos a menudo arcilla blanca, un polvo que se disuelve en agua).
- Una pequeña esponja.
- Un paño blanco.
- Una gamuza.
- Bastoncillos para los oídos.

Presentación del ejercicio

- Lleva el hule y la cesta a la mesa. Coloca el hule en el centro de la mesa. Pon la cesta en la esquina superior izquierda del hule.
- Ve a buscar el espejo y colócalo en medio del hule.
- Coloca el material formando una línea horizontal siguiendo el orden de lo que el niño tendrá que utilizar a medida que se desarrolle el ejercicio.

- Desenrosca el pequeño frasco que contiene el producto y déjalo al lado de la cesta.
- Coge la esponja y mójala despacio en el producto, agarrando el recipiente con la mano izquierda.
- Aprieta la esponja sobre el borde del frasco para quitar lo que sobre de producto.
- Aplica el producto sobre el espejo haciendo gestos circulares, de izquierda a derecha.
- La arcilla blanca deja marcas sobre el espejo.
- Cuando todo el espejo esté cubierto de arcilla blanca, coge el paño y quita la arcilla haciendo líneas de derecha a izquierda.
- Cuando hayas quitado todo el producto, coge un bastoncillo y quita lo que quede del producto en los rincones.
- Coge la gamuza para abrillantar el espejo con movimientos de izquierda a derecha.
- Enseña las manchas de producto y suciedad en el paño.
- Enseña el espejo limpio.
- Cierra el frasco de arcilla.
- Cambia la pequeña esponja.
- Si el paño está muy sucio cámbialo por uno limpio.
- Recoge todo en la cesta.
- Dobla el hule.
- Coloca todo de nuevo en la estantería.

 ## Control de error

- Queda suciedad en el espejo.
- El niño no consigue esparcir el producto de limpieza.
- Gotas del producto de limpieza han caído sobre el hule.
- Quedan restos del producto de limpieza en el espejo.

VIDA PRÁCTICA

Cuidado del entorno

VIDA SENSORIAL

Todos los ejercicios que consisten en limpiar se presentan de la misma manera: sacarle brillo a los metales, encerar la madera, limpiar los zapatos, limpiar la mesa, la silla, limpiar las hojas de una planta, limpiar una concha.

Limpiar las hojas de una planta

 Material

- Una bandeja
- Una pequeña regadera
- Una pequeña esponja mojada
- Paños o trozos de algodón

 Presentación

- Quita las hojas secas.
- Escoge una hoja para limpiar.
- Coloca la mano no dominante bajo la hoja.
- Limpia la hoja con la esponja mojada y sécala con los paños o los trozos de algodón, usando la otra mano con los dedos formando «la pinza».
- Invita al niño a hacer lo mismo con otra hoja.
- Riega la planta.

Control de error

- Las plantas son regadas muy poco o demasiado.
- Las hojas tienen todavía polvo.
- Los objetos no están limpios.

▶ **Ejercicios de aseo personal**

Estos ejercicios permiten al niño satisfacer una gran necesidad: ser autónomo en relación con lo que le interesa y atañe.

Estas actividades, una vez más, estimulan el desarrollo de la concentración del niño, ya que tiene que pensar primero, al igual que en los ejercicios de cuidado del entorno, en lo que necesitará y después ejecutar las acciones en el orden correcto y si es necesario, colocar bien todo su material. Después tiene que dejar las cosas tal y como las ha encontrado. Además, al ser más largos, estos ejercicios ofrecen la posibilidad de alargar el tiempo de concentración del niño.

En este conjunto de ejercicios tendremos actividades como: lavarse las manos, cepillarse los dientes, peinarse, vestirse (con todos los sistemas de cierre presentes en la ropa), doblar la ropa, etc.

· ·

Lavarse las manos

 Material

En un lugar fijo, encima de una pequeña mesa:
- Un jabón y su jabonera
- Un barreño

- Una toalla
- Una jarra grande
- Una esponja
- Una toalla para las manos
- Un cepillo para las uñas
- Una crema para las manos
- Una pequeña esponja
- Un cubo

 ## Presentación

- Llena la jarra de agua.
- Viértela en el barreño.
- Quita la gota con la pequeña esponja.
- Enjabona las manos del niño.
- Frota cada dedo empezando por el pulgar… Puedes nombrar cada dedo (pulgar, corazón, índice, anular, meñique).
- Cepilla las uñas con el cepillo pequeño.
- Escurre los dedos.
- Vierte el agua del barreño en el cubo o en el lavabo.
- Vierte agua en el barreño.
- Enjuaga las manos y escúrrelas.
- Seca las manos empezando por el pulgar.
- Vierte el agua del barreño en el lavabo (o en el cubo).
- Limpia el barreño con la esponja grande.
- Pon crema en las manos.
- Manipula siempre las objetos (barreño y jarra) con las manos secas.

 ## Control de error

- Saltarse los pasos.
- Las manos siguen sucias.
- Ponerlo todo perdido de agua.

▶ Marcos de vestir

🔍 foto 11

Existen unos accesorios llamados «marcos de vestir» que se componen de diez marcos diferentes (a veces incluso más) que representan cada tipo de cierre de los diferentes tipos de ropa: los botones grandes, pequeños, las cremalleras, los corchetes, los velcros, los botones a presión, los cordones, las hebillas, los cierres de la mochila del colegio, los imperdibles...

La manipulación de estos marcos requieren una concentración por parte del niño cada vez mayor, otorgándole una vez más autonomía en su vida cotidiana. El marco más sencillo es el de los corchetes o el de la cremallera, el más complicado, el de las hebillas. Por supuesto, podemos también presentarlos al niño según las necesidades con las cuales se va topando.

Estos ejercicios necesitan por parte del adulto unas presentaciones muy lentas, con numerosos pasos para que el niño pueda concentrarse bien sobre las manos del adulto y luego poder reproducir sus gestos.

Los marcos más difíciles exigen una intensa concentración durante mucho tiempo.

El marco con botones grandes

 ## Material

- El marco de vestir con botones grandes.

 ## Presentación

- Colócate de tal manera que te vea bien el niño.
- Pon el marco encima de la mesa en posición horizontal.
- Coge la parte superior de la tela con la mano no dominante y desabrocha los botones con la otra mano.
- Saca solo a la mitad del botón del ojal.
- Haz lo mismo para cada botón, yendo de arriba a abajo.
- Saca del todo el botón.
- Haz lo mismo con el resto de botones.
- Abre del todo los dos lados del tejido.
- Apoya la mano sobre la mesa entre los trozos de tela para mostrar que está abierto.
- Vuelve a cerrar los dos lados empezando por el que tiene los botones.
- Trabaja siempre de arriba a abajo.
- Rehaz la operación a la inversa para abrochar.
- Inserta la mitad del primer botón en el ojal.
- Continua con los siguientes.
- Propón al niño hacer la actividad.

 ## Control de error

- Tener dificultades para abrochar los botones.

El marco con cordones

Para terminar este marco se necesita mucho tiempo y exige una alta dosis de concentración. Por ello conviene a niños de más edad de hasta incluso 7 años o más.

 Material

- El marco de vestir con cordones.

 Presentación

- Colócate de tal manera que te vea bien el niño.
- Pon el marco encima de la mesa en posición horizontal.
- Deshaz en diferentes pasos los cordones tirando de sus extremidades y coloca los cordones de un mismo color a la izquierda y los del otro a la derecha usando una sola mano (deshaz primero las lazadas y luego los nudos). Procura hacer toda las acciones una tras otra, empezando siempre por arriba.
- Apoya la mano sobre la mesa entre los trozos de tela para mostrar que está abierto.
- Vuelve a cerrar y separa los cordones de un color a un lado y los del otro color al otro lado, cruzando los dos cordones de manera que se pueda hacer el nudo.
- Haz los nudos uno tras otro, trabajando siempre de arriba a abajo.
- Haz las lazadas, una vez más de arriba a abajo.
- Propón al niño hacer la actividad.

 Control de error

- No atar los cordones de manera correcta.

◗ Pasar a la práctica en la vida cotidiana

Las actividades de vida práctica son muy fáciles de crear en casa con sencillos objetos cotidianos.

Como ya lo hemos visto, **pueden ser ofrecidas a niños con una edad comprendida en los 18 meses y los 6 o 7 años**, y son de gran ayuda para aquellos, más mayores, que tiene dificultades de concentración.

Es muy importante, por supuesto, adaptar los ejercicios a la facultad de concentración del niño y a lo que le interesa. Para un niño más mayor, la actividad puede consistir en desmontar una radio por ejemplo, y luego volver a montarla.

Esta actividad se presentará también sobre una bandeja o en una cesta con todas las herramientas necesarias para que el niño pueda hacerlo.

Aconsejamos seguir las estaciones del año a través de las actividades de vida práctica puestas a disposición del niño encima de una estantería:
- En otoño podemos trasvasar con unas pinzas unas avellanas o unas nueces, también podemos escoger lentejas pardas mientras que en primavera serán naranjas.
- En invierno, podemos trasvasar pequeños copos de nieve hechos de madera, clasificar con la ayuda de unas pinzas estrellas plateadas, blancas, azules o doradas.
- En primavera, podemos crear ejercicios con pinzas y pequeños polluelos amarillos pegados encima.
- En verano, podemos hacer que el niño limpie una concha.

Siguiendo esta misma línea, podemos adaptar los colores de las bandejas según la estación. En otoño, serán más bien marrones, en invierno blancas, en primavera verde claro y en verano amarillas.

Cuando escogemos un color para las bandejas, es esencial solo usar bandejas de ese color.

También podemos cambiar los colores de los contenidos a cada estación o con ciertas fiestas. Por ejemplo, para el día de San Valentín, podemos buscar elementos rojos o rosas.

Podemos cambiar el color del agua en los ejercicios de verter, vertiéndola en botes de cristal transparente.

Te darás cuenta de que al organizar de esta manera todas las actividades de vida práctica, el niño tendrá muchas ganas de coger las bandejas o las cestas, de colocarse bien y de realizar ese trabajo durante tanto tiempo que ¡te sorprenderás!

Le verás hacer y rehacer varias veces la misma actividad, absorbido por completo por lo que está haciendo. De este modo, el niño centrará toda su atención en la manipulación que está realizando. Cuando haya terminado, encontrarás un niño tranquilo, sereno, feliz y orgulloso de sí mismo.

Estas actividades van a permitirle aprender a concentrarse y le abrirán las puertas de todos los aprendizajes.

VIDA PRÁCTICA

El día a día

VIDA SENSORIAL

2

La vida sensorial

Maria Montessori decía: «Desde el principio, es ese fenómeno de concentración el que ha sido nuestro guía en la elaboración de nuestro método. La experiencia ha demostrado –sin ninguna objeción posible– que la concentración aparece siempre cuando los niños trabajan con el material sensorial. Nunca sin él».

La doctora Montessori demostró también que lo importante no es el adulto, sino el material que se coloca en el entorno del niño: un material que ofrece o sugiere una actividad, y una actividad que el niño puede repetir tantas veces como lo desee.

A partir de ese momento, el niño se puede concentrar, a pesar del ruido a su alrededor y del ajetreo, ya que son sus movimientos los que aseguran su concentración. Con un material adecuado y adaptado, se aísla por completo de todo lo que le rodea.

A la vez que manipula el material de vida práctica, el niño puede tener a su disposición **el material sensorial que le va a permitir focalizar su atención en las impresiones visuales, táctiles, auditivas, gustativas y olfativas.** Gracias a ello, va a poder hacer comparaciones, descubrir similitudes y así desarrollar aún más su capacidad de concentración.

Hemos observado que si en una actividad, el niño puede trabajar aislando un sentido, su concentración es todavía más alta. Por tanto, es importante organizar un material Montessori que permita el desarrollo de cada sentido por separado y encontrar los medios de permitir al niño poner en práctica un solo sentido a la vez, por ejemplo llevando una venda sobre los ojos cuando está trabajando sobre el gusto o el olfato.

Maria Montessori observó así que aislando «el estímulo», la concentración del niño se veía de nuevo optimizada. Por ejemplo, las tablillas de colores son todas del mismo tamaño, peso y forma, la única diferencia es el color. Lo mismo para las campanillas, son todas idénticas y la única manera de ordenarlas es con el sonido que producen cuando el niño las tañe con el pequeño «martillo». El niño puede, por tanto, concentrarse solo sobre el color, el sonido etc.

El material sensorial permite el desarrollo de muchas otras cualidades en el niño. Tal y como está escrito en el libro *Maria Montessori, su vida, su obra* de E.-M. Standing, «una vida sensorial variada, ordenada, completa es la mejor preparación que haya para los años venideros».

Un niño con los sentidos bien desarrollados sabrá concentrarse mucho mejor en todos los estímulos sensoriales que irá encontrando a lo largo de su vida. De hecho, observará con más atención la naturaleza a su alrededor, sabiendo concentrarse o bien sobre los sonidos, o bien sobre los colores o los olores, etc., apreciando así mucho más cada uno de sus aspectos.

Gracias a ese material sensorial el niño aprende a centrarse sobre las impresiones que le procuran los sentidos.

Del mismo modo, sabrá observar mejor una hermosa obra artística porque se centrará sobre los matices de los colores, de las formas, sobre los detalles de un dibujo, sobre las sombras, las luces, sobre el color de la piedra de una escultura. En una obra de teatro, percibirá mejor las voces, apreciará los textos, los decorados... En un tema musical se centrará en los matices, notará el sonido de cada instrumento, los ritmos, las diferentes voces, etc. Gracias a esto, el arte provocará en él un mayor número de bonitas emociones.

El niño tendrá entonces una visión hermosa de la vida y de la gente que le rodea y desarrollará importantes rasgos de empatía.

▶ Preparación de las actividades

El material está constituido por una serie de objetos agrupados según un número determinado, objetos que se diferencian por el color, la forma, las dimensiones, el sonido, el grado de rugosidad, el peso, la temperatura, etc. Pero también por objetos que van a permitir al niño construir unas solidas bases en álgebra y geometría, como por ejemplo, el gabinete geométrico formado de cajones en los cuales se encuentran formas geométricas diferentes y que el niño aprenderá a reconocer con la única ayuda del tacto, poniéndose una venda sobre los ojos. O el cubo del binomio o del trinomio que permitirán al niño una comprensión sensorial de las fórmulas de (a+b) al cubo, (a+b+c) al cubo; o la tabla de Pitágoras sensorial.

Encontraremos también un conjunto de campanillas que reproducen las tonalidades musicales, un conjunto de tablillas de diferentes colores, un grupo de sólidos de formas idénticas pero con dimensiones graduadas, otros de mismo tamaño pero de diferente peso, etc.

Hemos visto más arriba que era esencial aislar una sola cualidad en el material. Es muy importante cuando preparamos este tipo de elementos en casa, tener en cuenta este dato fundamental. **Siempre tendremos en mente constituir conjuntos de objetos idénticos en todo y que solo se diferencian en una única cualidad.**

Por ejemplo, si queremos crear una actividad de clasificación de botones, tendremos que pensar con detenimiento en el criterio de clasificación deseado: si deseamos que sea el color, tendremos que seleccionar botones idénticos en forma y aspecto; si es la forma, tendrán que tener todos el mismo color y la misma textura.

Si queremos preparar objetos cuyo objetivo es que el niño distinga los tonos de la escala musical, tienen que ser objetos con la misma apariencia, como, por ejemplo, las campanillas que usamos en nuestro sistema: tienen la misma forma y las mismas dimensiones y se apoyan todas sobre una base idéntica; pero al darles con un pequeño martillo emiten sonidos diferentes; es la única diferencia perceptible por los sentidos. Cuidado con las campanillas que podemos encontrar en muchos sitios y que son de colores diferentes. Este hecho va a dividir la concentración del niño que absorberá la noción de color ligada a la noción de sonido. Lo que obtenemos en este caso es una mezcla entre el sentido auditivo y visual, traduciéndose en una dispersión de la concentración. Sin contar que el niño puede asociar el sonido al color de la campanilla, lo que distorsiona del todo las cosas.

Presentamos a menudo los reclamos*, los cuales, en efecto, suelen tener formas y a veces estar hechos de maderas diferentes, emitiendo sonidos diferentes muchas veces en relación con su forma. En este caso estaría bien vendarle los ojos al niño, o, si eso le molesta, pedirle que cierre los ojos.

RESUMIENDO

Desde el punto de vista psicológico, hemos observado que para aislar mejor una cualidad concreta, en la medida de lo posible, hay que aislar los sentidos: una impresión táctil será más nítida si se trata de un objeto que no sea conductor de calor. El procedimiento de aislamiento puede ser por tanto doble: aislar el sujeto de las otras impresiones del medio, y graduar el material siguiendo una única cualidad.

Como en la vida práctica, el material tendrá que encontrarse agrupado en una estantería dedicada al tema y ordenada por sentidos. Es preferible asegurarse de que este material se guarda siempre en el mismo sitio, aunque sea encontrando trucos para ayudar a recoger, sobre todo cuando tenemos a varios niños usando el material. Podemos fotografiar la bandeja o la cesta y pegar la foto en el sitio que corresponde a esa actividad. Podemos también fotografiar la estantería con el material recogido y pegar la foto a la estantería. Así, el niño tiene unas referencias, y conseguimos algo muy importante, que su concentración no se vea perturbada por

---

* Reclamo: silbato usado en ornitología y caza, cuyo sonido imita el canto de las aves.

preguntas superfluas como: «¿Dónde está ese ejercicio que tantas ganas tengo de hacer?».

Más adelante, dejaremos al niño la libertad de elegir la actividad a partir del momento que la utilice correctamente, que la coloque bien en su sitio y que realice el ejercicio de principio a fin. Es lo que se llama la autoeducación del niño.

En las aulas Montessori los niños disponen de una gran cantidad de material sensorial, pero también se puede fabricar mucho en casa.

Es fundamental conservar el control del error para que el niño pueda concentrarse sobre la clasificación o el emparejamiento de los elementos diseñados y hacerlo con autonomía sin necesidad del adulto, cuya presencia dispersa y es perjudicial para su concentración.

Para ello, en los emparejamientos, usaremos a menudo pegatinas de colores. Los elementos formando una pareja recibirán una pegatina del mismo color, pegada debajo de los frascos, botes, cajas, etc., de manera que solo le baste al niño darle la vuelta al objeto para autocorregirse.

Cuando no sea posible implementar el sistema de autocorrección, podremos hacer una foto de los elementos con su disposición correcta. Esta foto se plastificará y se colocará cerca de la actividad.

Cuando el material se tenga que clasificar en un orden concreto, podremos además pegar etiquetas con un número, lo que permitirá al niño verificar si los números están en el orden correcto dando la vuelta a los objetos.

El control de error lleva al niño a acompañar sus ejercicios con un razonamiento; su sentido crítico y su atención están siempre enfocados y orientados hacia la exactitud, con una sensibilidad que le permite distinguir las diferencias más ínfimas.

Mientras estamos fabricando estas actividades, tendremos siempre en mente el carácter estético de los elementos utilizados para que sean atractivos para el niño. Fomentaremos así en él las ganas de usarlos para realizar los ejercicios y repetir estos tantas veces como lo desee y sea preciso.

Es importante cuidar todos los detalles: el color, el brillo, la calidad del material utilizado, la armonía de las formas, de los colores, de las bandejas, de los recipientes, etc., mientras seguimos usando, por ejemplo, botes con texturas diferentes: cristal, porcelana…

No olvidemos tampoco que el niño debe poder utilizar el material de manera autónoma y que, por tanto, este último tiene que ofrecer posibilidades de «autoactividad». **Es crucial que el niño realice un trabajo de manipulación, ya que hemos visto que su concentración dependía asimismo del movimiento y en particular del movimiento de las manos.** Cuando la actividad contiene estas opciones de manipulación, el niño puede usarla muchas veces y, en consecuencia, satisfacer su necesidad de repetición, lo que fomenta de manera considerable el desarrollo de su cerebro y su concentración.

Hay que limitar la cantidad el material. Podemos empezar por una pequeña cantidad de elementos e ir aumentando cuando notamos que el niño domina la actividad, pero expresa todavía la necesidad de querer seguir con ella. Se trata también de una manera de prolongar el tiempo en el cual está concentrado en un ejercicio. Si el número de objetos a clasificar o a emparejar es muy alto, el niño no podrá terminar la actividad y su concentración se verá limitada. Dicho esto, es preferible poner menos elementos para que tome consciencia de esa capacidad de concentración que le brindará tanta serenidad.

El material Montessori es un material calibrado. Maria Montessori tomó como referencias las reacciones observadas en los niños, asegurándose de conservar anotadas las dimensiones, los colores y las formas que llamaban más la atención de los pequeños.

Algunas series de actividades sensoriales creadas por la doctora Montessori incluían diez elementos para preparar al niño de cara al uso del sistema decimal: por ejemplo, en los cilindros con botón, hay diez cilindros, las barras rojas también son diez, así como los cubos de la torre rosa o los paralelepípedos de la escalera marrón.

Estas series de elementos son difíciles de construir en casa y deben ser encargadas en páginas web especializadas.

Los cilindros con botón son el primer material que se ofrece a los niños desde 2 años y medio y hasta los 6 en el aula de infantil. Se compone de cuatro bloques diferentes en cada uno de los cuales tenemos diez cilindros de distintas dimensiones con dificultad variable. Se trata de que el niño se concentre en los diámetros, la altura, y el grosor de cada cilindro para ordenarlos de mayor a menor. Alcanzará un nuevo nivel de concentración cuando pueda recoger los cilindros de los cuatro bloques con los ojos vendados. Por supuesto esto se hace de manera muy progresiva.

Para los más pequeños (alrededor de 1 año), existen cuatro bloques de tres cilindros cada uno, excelentes para el desarrollo de la concentración de los más jóvenes.

La torre rosa tiene diez cubos rosas de volúmenes diferentes, el primero mide 1 cm^3 y el último 10 cm^3. Aquí el niño se concentra en la noción de volumen y debe apilarlos del más grande al más pequeño.

La escalera marrón son diez paralelepípedos marrones de 1x1x20 cm el más pequeño y de 10x10x20 cm el más voluminoso. De nuevo, el niño tendrá que concentrarse en clasificar los «escalones» del más grande al más pequeño.

Las barras rojas son diez barras de longitud diferentes de color rojo, la primera mide 10 cm y la última 1 m. Al trabajar con estos elementos, el niño se centrará en las nociones de longitud, guardando las barras en orden creciente.

Las cajas de cilindros de colores son cuatro cajas de cilindros amarillos, rojos, verdes y azules sin botones que corresponden a los bloques mencionados más arriba pero a diferencia de estos no tienen el bloque que sirve de base y de ayuda al niño. Se trata por lo tanto de un nivel de dificultad suplementario. El niño se concentrará en ordenar el contenido de cada caja de cilindros del más voluminoso al más pequeño. Luego, una vez controlada esta manipulación podrá asociar las cajas 🔎⊕ foto 26.

El papel del adulto consiste no solo en preparar el material, y su correcta instalación, sino también en verificar con regularidad que esté completo. Si faltara un elemento en una serie o en un ejercicio de emparejamiento, la concentración del niño se vería alterada.

Al igual que para las actividades de vida práctica, el adulto tendrá siempre que presentar el material sensorial antes de cualquier utilización por parte del niño.

◗ Presentación del material

El adulto presentará el material sensorial pensando siempre en el ciclo tan importante de acciones que contribuyen a que el niño mantenga su concentración desde el principio hasta el final del ejercicio. Empezaremos por acompañarle a coger una alfombra, y asegurarnos de que la desenrolla bien, le acompañaremos luego a por el material en la estantería para que sepa dónde podrá encontrarlo, colocaremos de forma correcta los elementos de la actividad sobre la alfombra delante de él, realizando la presentación de manera muy lenta y exagerando los gestos, le invitaremos a hacer la actividad, y finalmente dejaremos todo en su sitio, enrollaremos la alfombra y la recogeremos.

De manera general, la caja que contiene el material cuando está recogido se colocará en la esquina superior izquierda de la alfombra o de la mesa, nos aseguraremos de que la tapa esté cerrada.

Es muy importante que todo lo que esté encima de la alfombra o la mesa esté bien recogido para que la concentración del niño no se disperse por culpa de cualquier desorden.

Mantener el silencio es fundamental a lo largo de la presentación, para que el niño pueda centrarse en las manos del adulto y memorizar bien lo que tendrá que hacer luego por sí mismo.

El adulto tendrá que entrenarse varias veces hasta que sea capaz de efectuar la presentación con la máxima fluidez y sin vacilaciones.

Colocaremos el material siempre de izquierda a derecha. Respetaremos este sentido en todas las presentaciones para que el niño, concentrado en la repetición de ese gesto, asimile el sentido en el que se ordena el material y fije su concentración sobre el objetivo de dicha actividad, o sea, construir una torre con la torre rosa, alinear bien las barras rojas a la izquierda del espacio de trabajo para luego ordenarlas correctamente de la más grande a la más pequeña, etc.

El adulto, una vez más, debe hacer la presentación como si interpretara una obra de teatro con muchas ganas y entusiasmo. Esta actitud ayudará también a despertar las ganas del niño por hacer la actividad y concentrarse en ella para conseguir realizarla.

Una vez terminada la presentación, tenemos que dejar al niño rehacer el ejercicio tantas veces como quiera; este punto es una necesidad absoluta. De este modo la concentración se consolida de manera profunda y observamos también durante cuánto tiempo el niño más pequeño puede mantenerse concentrado en una actividad sensorial.

No le interrumpas para ofrecerle otra cosa y no le molestes con palabras, aunque sean cumplidos. Es esencial dejarle buscar y que encuentre sus propias soluciones, porque ahí también lo tenemos inmerso en un proceso de concentración. Si le damos la respuesta, pararemos su concentración. El control de error presente en todo el material está ahí para ayudarle a encontrar la respuesta correcta. Asegúrate de no interrumpirle para irse a dormir o a comer, etc. La concentración debe ser respetada de verdad.

Las neurociencias han confirmado que el desarrollo de las conexiones neuronales en el cerebro es muy importante entre 0 y 6 años. Este fenómeno es en particular muy intenso en las áreas que se asocian a la organización, la clasificación con funciones, como la focalización de la atención, la toma de decisiones y el desarrollo del autocontrol. Hallamos todo esto a través de la manipulación del material sensorial.

Cuando vemos al niño ir a por el material que ha escogido, clasificarlo, desplazar los objetos y adentrarse en un proceso de actividad concentrada, podemos estar seguros de que un desarrollo importante está ocurriendo en su cerebro. Con el material adecuado, el profesor o los padres pueden sentarse y observar con tranquilidad la naturaleza del trabajo que se está llevando a cabo. Al intervenir, impediríamos al niño progresar.

Este planteamiento es muy diferente de lo que la mayoría de nosotros hemos estado acostumbrados a vivir en nuestra educación. Maria Montessori creía en el hecho de que el niño tiene en su interior un guía inteligente.

En cuanto un niño haya experimentado varias veces este fenómeno de concentración y descubra que aquello le permite satisfacer su necesidad interna de desarrollo cerebral, querrá seguir. La respuesta del adulto será proporcionarle más actividades y material con el fin de alentar esta situación. Es lo que hacemos en los centros Montessori y que se puede desde luego realizar en casa.

Desde que nace el niño la necesidad de concentración del bebé podrá ser alimentada, instalando varios objetos en su entorno.

Cuanto más viva en ese estado de concentración, más felicidad y serenidad experimentará.

Los móviles (🔍⊕ foto 12)

Los móviles son solo actividades visuales. Es fundamental no mezclar sonidos con la observación del móvil, que se va a mover gracias a ligeras corrientes de aire. La presencia de sonidos alteraría la concentración del bebé, capaz de observar durante veinte o veinticinco minutos el móvil blanco y negro de Munari, por ejemplo.

El bebé se acostumbra poco a poco a fijar la mirada en el objeto, ve los contrastes del blanco con el negro. Los móviles se cambiarán con regularidad; cuélgalos encima del capacho o del colchón de juegos, como máximo a 30 cm del torso del bebé para que pueda distinguirlos bien y después pueda tocarlos. Le será necesario una gran dosis de concentración para conseguir alcanzar el móvil y después para controlar cada vez más los gestos de su brazo.

* El primer móvil es **el móvil de Munari**, compuesto por nueve motivos en blanco y negro y equipado con bolas de cristal transparentes que reflejan la luz natural y que atraen la mirada del bebé. Este móvil se concibió en concreto para que el niño pudiera desarrollar su sentido visual estimulado por el contraste del blanco y del negro.
* **El móvil de los octaedros** es el segundo móvil para el bebé. Se compone de tres octaedros hechos de papel coloreado con los tres colores primarios: amarillo, rojo, azul.
* El tercero móvil es **el movil de Gobbi**, consiste en cinco esferas idénticas en tamaño pero diferentes por su color con degradados. Las esferas están enganchadas en orden ascendente de la más oscura a la más clara. Estimulan la percepción de los matices dentro de los colores. Las esferas están forradas con un algodón suave que brilla con la luz. Su nombre viene de Gianna Gobbi, asistente formada por Maria Montessori.
* El cuarto móvil es el móvil bautizado como **móvil de los bailarines**, compuesto de figuras estilizadas de bailarines hechos de papel metálico dorado, plateado, etc., que se mueven con el aire.

Los sonajeros

Más adelante, podremos instalar los sonajeros suspendidos, se trata de unos móviles táctiles que permiten también al niño concentrarse en conseguir dominar el gesto de su brazo para tocarlos. Los colgaremos del mismo modo, por encima del torso del bebé a una altura en la que sus manos puedan alcanzarlos. Al principio los tocará con torpeza, pero poco a poco intentará establecer un contacto de forma voluntaria, lo que va a requerir una gran concentración por su parte para llegar a un control cada vez más potente de su brazo.

Existen varios tipos de sonajeros: **El cascabel sobre una cinta**, **el anillo suspendido** de una cinta y **la pelota de prensión** que podemos también colgar. La cinta puede ser sustituida por una goma.

Fijaremos estos sonajeros a un soporte sólido situado por encima del torso del niño.

La pelota de prensión está hecha de diferentes texturas que permitirán al niño desarrollar su sentido táctil.

El pórtico de madera (🔍⊕ foto 19)

Es un objeto también muy importante en el entorno del pequeño. El niño necesitará concentrarse para intentar mover los objetos suspendidos, al principio objetos en blanco y negro y luego objetos con colores.

Otras posibilidades

Existe una gran variedad de materiales para el desarrollo del sentido del tacto del niño. Las anillas en una varilla, en el cual él debe enhebrar anillos en una varilla vertical o horizontal, la caja de «permanencia del objeto» en las cuales el niño debe introducir formas geométricas en la hueco correspondiente…

Podemos también **instalar imágenes en blanco y negro** colgadas a la altura de los ojos del niño. Sabemos que al nacer su visión solo aprecia los contrastes; por tanto, se centrará durante mucho tiempo sobre estas bonitas imágenes contrastadas.

Las imágenes tendrán una dimensión intermedia y representarán un animal estilizado que ocupe gran parte de la imagen, formas geométricas, o alternancias de líneas, círculos, etc.

Se trata de lo mismo con el libro en blanco y negro que podremos hojear con nuestro bebé nada más nacer.

El espejo (🔍 foto 13)

Para el bebé, el espejo sobre el cual se fija una barra es un elemento que va a permitirle concentrarse en su imagen, su cuerpo y el movimiento para ponerse de pie.

Se trata de un material de estimulación muy importante dentro de la pedagogía Montessori y en la psicología del niño.

El espejo tiene que ser rectangular, lo más sencillo posible, colocado a lo largo del colchón de juegos en casa o en la guardería, con esta disposición tendremos los reflejos de los formas y de los colores.

Se instalará el colchón a ras del suelo, en el sentido de la longitud y por un lado limitará el espacio de juego y de estímulos del bebé (bebés que van a la guardería). Estad atentos con la seguridad del niño en relación con este objeto. Tenemos que fijarlo de manera sólida a la pared y no colocar objetos pesados susceptibles de caerse sobre el espejo.

Este espejo es esencial: cuando el bebé ya se da la vuelta sobre el vientre solo, puede levantar la cabeza y ver su imagen. Puede arrastrarse hasta acercarse y tocarlo con la frente, lamer su propia imagen y sentir el material frio.

El espejo no solo estimula la visión, permite también al bebé ser consciente de los movimientos del mundo exterior y de los componentes de su familia.

A medida que su vista progresa, su campo de visión se ensancha al igual que su comprensión.

En la guardería, puede descubrir los otros bebés en el espejo y sonreírles.

Del mismo modo intentará tocar su reflejo y podrá ver sus emociones por primera vez.

El espejo permite al niño ver lo que ocurre detrás de el, no ser sorprendido por la llegada silenciosa de un adulto o un ruido en su entorno del cual solo tiene una información auditiva.

El espejo refleja la luz y aumenta la luminosidad en el área de estímulos y juegos del bebé. Cuidado, los rayos de sol pueden deslumbrarle.

Con el espejo conseguimos que el niño centre su atención durante largos periodos de tiempo sobre su cara, los rostros ajenos, y fijarse en todo lo que puede observar a su alrededor.

La barra

Es muy importante añadir una barra de apoyo delante del espejo.

La barra permitirá al bebé desarrollar los músculos de los brazos, su equilibrio y poco a poco se ejercitará en alcanzar la postura erguida. Como al principio el niño tendrá tendencia dejarse caer, tendremos que colocar una alfombra muy gruesa debajo de la barra.

Con esta disposición, el bebé podrá ver la totalidad de los movimientos que le permiten pasar de la postura horizontal a la postura vertical, para ello el espejo tendrá que ser muy ancho pero tan alto como el niño.

El bebé se concentrará sobre los movimientos reflejados en el espejo con el objetivo de poder reproducirlos para conseguir ponerse de pie.

DESDE DE LOS 2 AÑOS, LOS EJERCICIOS DE CLASIFICACIÓN
🔍⊕ foto 14

Los ejercicios de clasificación en función de las formas, las dimensiones, los colores u otras características comunes son una actividad sensorial clásica. Clasificar ofrece al niño una buena base para empezar a concentrarse en las cualidades sensoriales de los objetos, tal y como hemos visto en el capítulo de «Vida práctica». Podemos añadir a las clasificaciones cucharas, diferentes tipos de pinzas incluso usar las pinzas de depilar.

Para las actividades de clasificación, podemos utilizar numerosos objetos baratos como botones, gomas, clips de colores, piedras, canicas, perlas, conchas, pompones, monedas, diferentes tipos de semillas, diferentes tipos de pasta, arandelas metálicas de varias dimensiones, pajitas cortadas en trozos de diferente longitud, etc. Cuando el niño crece y domina cada vez mejor las clasificaciones, podemos ir ajustando cada vez más los criterios para que se concentre más.

Cuando preparamos un ejercicio de clasificación con varios recipientes pequeños, es importante que sean idénticos. Si deseamos que el niño clasifique por colores, hay que escoger unos envases con la misma forma pero con colores diferentes. El hecho de usar el mismo tipo de recipiente evitará que se pierda parte de la concentración en un objetivo inútil.

Conviene usar recipientes hechos de materiales diferentes: madera, cristal, cerámica, etc. Este punto añadirá un interés suplementario a la actividad.

▶ El desarrollo del sentido de la vista

● ●

Los tubos sensoriales

Estos tubos se tienen que preparar en parejas idénticas, permitiendo al niño concentrarse en lo que ve dentro para buscar el tubo con idéntico contenido (⊕ **foto 15**).

 Material

- Unos tubos transparentes cerrados, con un tapón hermético que el niño no podrá abrir. Rellenarlos con diferentes elementos: trigo, arroz, pasta, agua teñida, aceite de parafina con lentejuelas, etc.
- Una caja bonita.

 Presentación

- Dale un tubo al niño y pídele que busque él mismo en la otra serie.
- La autocorrección es visual.

Las tablillas de colores

- La primera caja de colores Montessori se creó para enseñar el nombre de los colores primarios a los niños. Se compone de tres pares de tablillas idénticas que solo varían por el color.
- La segunda caja de colores contiene otros once pares de colores: verde, gris, violeta, negro, blanco, rosa, amarillo, rojo, azul, naranja, marrón.

El niño, como es obvio, tiene que empezar primero con la primera caja de colores. Se sacan todas las tablillas sobre la alfombra y el niño tendrá que recomponer las parejas del mismo color.

Una vez dominada la primera caja, hará lo mismo con la segunda. Obrando así, el niño se concentrará solo en el color y conseguirá entender esta noción «abstracta».

Podemos fabricar este material en casa, imprimiendo, papeles de textura y dimensiones idénticas con los colores primarios o los otros. Basta con hacer parejas de papeles con el mismo color.

Usando una lección en tres etapas (ver p. 135) podremos enseñar al niño el nombre de los colores.

Papeles de colores y pinzas para tender la ropa

Otra actividad posible es recortar trozos de papel de colores que pegaremos alrededor de un bote o una caja. Usaremos pinzas del mismo color que los papeles alrededor del bote (al principio tres de cada color, luego más). El niño tendrá que colocar las pinzas en el borde del bote o de la caja del color «correcto». Antes de empezar con esta actividad, el niño tendrá que dominar la apertura y cierre de la pinzas para tender.

Una excelente actividad consiste en disponer en la habitación del niño, o en diferentes lugares de la casa, objetos de un color concreto. Luego preparamos varias hojas bastante grandes y de colores diferentes. Escogeremos una hoja y pediremos al niño que busque en la casa o en su habitación todos los objetos del mismo color y que los coloque sobre la hoja.

También podemos jugar con él a «espío un color» con el niño. Nos instalamos con él en una habitación, en la cual hemos verificado que se encuentran objetos de colores, y decimos: «Veo, veo objetos rojos» y el niño debe traernos todos los objetos rojos que haya en el cuarto.

Las mezclas de colores

Esta actividad siempre gusta mucho a los niños. Cuidado con las salpicaduras y el agua derramada, colócate encima de un hule o una bandeja con reborde.

 ## Material

- Una bandeja.
- Una cubeta para hielos.
- Frascos con cuentagotas (el niño dominará su uso antes de empezar esta actividad).
- Colorantes alimentarios amarillos, rojos y azules.
- Un pequeño recipiente con agua y un pincel.

 ## Presentación

- Prepara en cada frasco una mezcla de agua y colorante: un frasco por color.
- Invita al niño a que ponga con el cuentagotas unas cuantas gotas de pintura azul en uno de los compartimentos de la cubeta.
- En otro compartimento, unas gotas de rojo.
- En otro, unas gotas de amarillo.
- Con el pincel, el niño cogerá un poco de pintura roja y la depositará en un compartimento vacío.
- Tras limpiar bien el pincel, cogerá un poco de pintura amarilla que depositará y mezclará con la roja obteniendo el color naranja, etc.

Asegúrate de que el niño limpia bien el pincel cada vez. Siendo todo idéntico salvo el color, el niño podrá focalizar su interés en los colores que va creando. Te darás cuenta que podrá realizar esta actividad durante mucho tiempo.

La tercera caja de colores

🔍 foto 16

El interior de esta caja se divide en nueve compartimentos, cada uno con nueve tablillas de colores diferentes. En cada compartimento, el mismo color se presenta desde la tonalidad más clara hasta la más oscura.

La actividad consiste en sacar un color y clasificarlo del matiz más claro al más oscuro y seguir de idéntica manera con el resto de colores.

Este ejercicio solo se podrá ofrecer al niño cuando ya esté familiarizado y domine los colores de la segunda caja.

A partir de ahí, el niño solo tiene que concentrarse en los matices de colores parecidos.

Este material se puede hacer en casa a partir de los catálogos de muestras de colores que podemos conseguir en tiendas de pintura.

❱ El desarrollo del sentido del tacto

Como ya hemos evocado con anterioridad, Maria Montessori concibió todo un conjunto de materiales sensoriales para diferenciar las dimensiones.

Este material es muy difícil de construir por nuestros propios medios, pero podemos encontrar unas cuantas soluciones para alcanzar más o menos los mismos objetivos.

En lugar de los cilindros, podemos conseguir en la sección de bricolaje, los adaptadores de diferentes alturas o diámetros de las llaves de pipa o similares.

El niño los puede clasificar del más grande al más pequeño sobre una línea horizontal, de izquierda a derecha.

También podemos utilizar pernos de diferentes alturas y clasificarlos del más alto al más bajo.

Una vez más, los pernos colocados horizontalmente y clasificados del más grande al más pequeño, pueden permitir al niño concentrarse sobre esta noción de longitud como lo haría con las barras rojas.

Las barras rojas se pueden hacer a partir de listones de madera, cortados a las dimensión correcta y luego pintados de rojo.

También podemos seleccionar arandelas y tuercas. El niño tiene que apilar las arandelas, de la más grande a la más pequeña y hacer lo mismo con las tuercas, clasificarlas según su tamaño.

Estos ejercicios con pernos, tuercas, etc.; pueden también hacerse con los ojos vendados.

Comprándolos a pares, podemos ponerlos en dos bolsas de tela; la actividad consiste en coger un elemento en una bolsa, hacer que el niño lo toque con los ojos vendados y luego pedirle que busque el mismo objeto en la otra bolsa.

Todas estas actividades de búsqueda del segundo elemento idéntico con la única ayuda del tacto refuerzan mucho la concentración del niño.

VIDA PRÁCTICA

VIDA SENSORIAL

Tacto

Los saquitos sensoriales

 foto 17

Para los niños más pequeños, podemos hacer seis pares de pequeños saquitos rellenos con diferentes elementos: pasta tipo caracolas, o con otras formas más largas, sal, sémola, bolas de poliestireno (corcho blanco), arroz, etc.

Los cojines deben ser todos idénticos (misma tela y misma forma).

Presentación

- Junto al niño desenrolla la alfombra.
- Coge la cesta con los saquitos.
- Saca todos los saquitos y alinéalos de izquierda a derecha.
- Coge un saquito, tócalo, y pásaselo al niño para que lo manipule.
- Déjalo delante de él.
- Pásale otro saquito y pregúntale si es el mismo que el primero
- Si dice que no, devuélvelo a su sitio y coge otro.
- Cuando diga que sí, déjalo a la derecha del anterior.
- Sigue, colocando el segundo saquito manipulado debajo de la primera pareja.
- Terminad la actividad.
- Verificad volviendo a tocar cada par.
- Propón al niño rehacer la actividad tantas veces como quiera.
- Recoge los saquitos en la cesta.
- Deja la cesta colocada en su sitio en la estantería.
- Enrolla la alfombra.

Control de error

- Será táctil, al hacer la verificación final.

Las bolsas misteriosas

🔍 foto 18

Las bolsas misteriosas permitirán al niño concentrarse en el sentido del tacto que llamamos «estereognóstico»: se refiere a reconocer un objeto a través de su volumen y otros parámetros con el tacto. Este material puede ser evolutivo.

PRIMERA BOLSA

 Material

Cuando el niño es muy pequeño, podemos prepararle una bolsa misteriosa con diferentes objetos familiares para él y con texturas diferentes, por ejemplo: un cochecito de plástico, una llave de metal, una pequeña cuchara, un clip, un pequeño animal de plástico, un dedal metálico, etc.

 Presentación

- Saca los objetos de la bolsa y verifica que el niño sabe nombrarlos.
- Haz que los toque.
- Vuelve a meter los objetos en la bolsa.
- Pregúntale qué objeto le gustaría que sacaras de la bolsa.
- Sácalos y ponlos delante del niño de izquierda a derecha.
- Vuelve a meter todos los objetos en la bolsa.
- Dile el nombre de los objetos que deseas.
- Haz que los saque a medida que los vas nombrando.

SEGUNDA BOLSA

 ### Material

- Prepara dos bolsas con objetos idénticos en cada una de ellas: sólidos de madera u objetos de la vida cotidiana.

 ### Presentación

- Saca los objetos de una bolsa y haz que el niño los toque mientras los vas nombrando.
- Vuelve a colocar los objetos en la bolsa.
- Di al niño que no mire.
- Saca un objeto y pónselo en la mano.
- Dile que lo toque bien y que busque el mismo objeto en la otra bolsa.
- Coloca los dos objetos uno al lado del otro en la parte superior izquierda de la alfombra.
- Sigue así.
- Cuando las dos bolsas están vacías, el niño puede mirar.
- Recoge luego todos los objetos en la bolsa.

 ### Control de error

- Será visual, cuando los objetos estén emparejados.

TERCERA PRESENTACIÓN
(UNA VEZ QUE LA SEGUNDA ESTÉ DOMINADA)

- Cada bolsa se coloca delante de cada persona o colgada del cuello.
- El adulto coge un objeto, lo nombra, lo saca de la bolsa y lo guarda detrás de su espalda.
- El niño mete la mano en la bolsa delante de él, trata de buscar un objeto idéntico, lo saca y guarda también detrás de su espalda.
- Juntos el adulto y el niño colocan el objeto delante de ellos.
- Seguir así.

 Control de error

- Será visual, cuando cada uno saque y coloque el objeto sobre la alfombra y verifique si son iguales.

Podemos hacer también bolsas del misterio con formas planas, con cifras y/o cifras recortadas.

Cuando el niño está aprendiendo las letras, podemos llenar una bolsa con las que conoce y preguntarle qué letra queremos que saque. La reconocerá por el tacto y de este modo se hará una imagen de ella en el cerebro. Ocurre lo mismo con las cifras.

Esto será excelente para que el niño focalice toda su atención y se concentre con mucha intensidad.

El cubo del binomio

🔍 foto 27

Este material tiene mucho éxito con los niños (y los adultos). Es excelente para el desarrollo de la concentración del niño, lo puede hacer con la ayuda de la tapa, y luego con los ojos vendados.

Permite al niño tener una buena experiencia con los objetos en tres dimensiones. No hay necesidad de explicar a los más pequeños la formula matemática.

La fórmula será presentada más tarde y será objeto de apasionantes ejercicios en las aulas de primaria. Antes de presentarle este material, el niño tendrá que conocer ya los colores primarios.

 Material

- Una caja con ocho bloques, de los cuales dos son cubos (uno rojo y el otro azul) y seis prismas: tres rojos y negros y tres azules y negros.

La disposición de los cubos y de los prismas corresponde a la fórmula algebraica: $(a+b)^3 = a^3 + 3a^2b + 3ab^2 + b^3$ en la cual a = la dimensión de los elementos rojos y b = la dimensión de los elementos azules.

Este material se presenta en una bonita caja cuya tapa constituye a la vez el modelo de referencia y la autocorrección.

Presentación

- Pídele al niño que abra la caja abatiendo los lados.
- Saca todos los volúmenes de la caja.
- Coloca todos los volúmenes del mismo color sobre una línea horizontal y los del otro color por debajo; colocando primero el cubo con las cuatro caras coloreadas a la izquierda.
- Coloca la tapa de manera a ver los cuadrados que servirán de guía.
- Haz asociaciones en relación con los colores de las caras.
- Empieza por un cubo y colócalo sobre la tapa sobre el cuadrado del mismo color.
- Enseña al niño la cara con el dedo y dile el color (por ejemplo «azul») coge un elemento y señálale la cara (por ejemplo «azul») y colócalo pegado al otro.
- Cuando se ha realizado todo un nivel, devuelve los elementos, uno por uno a la caja de la misma manera.
- Coge el otro cubo y ponlo sobre la tapa encima del cuadrado del mismo color.
- Partiendo de ese cubo, asocia los otros elementos que tienen el mismo color y altura cara con cara, usando las formas indicadas en la tapa.
- Una vez que has terminado este nivel, recógelo uno por uno.
- Comprueba y luego muéstraselo al niño, que cada lado está recogido como en el modelo de la tapa.

✔ Control de error

- Las caras de los volúmenes y los colores no coinciden con lo que está representado en la tapa.

El cubo del trinomio

 foto 20

El cubo del trinomio solo podrá ser hecho por el niño cuando domine el cubo del binomio.

Este material es muy bueno para el desarrollo de la concentración.

Material

Una caja con veintisiete bloques, tres son cubos (uno rojo, uno azul, y amarillo) y dieciocho prismas repartidos así: seis de color rojo y negro, seis azules y negros, seis amarillos y negros y seis prismas del todo negros.

La disposición de los cubos y de los prismas corresponde a la fórmula algebraica: $(a + b + c)^3 = (a+b+c) \times (a+b+c) \times (a+b+c)$, lo que viene a ser $a^3 + 3a^2b + 3ab^2 + b^3 + 3a^2c + 3b^2c + 6abc + 3c^2a + 3c^2b + c^3$ en el cual a = es la dimensión de los rojos, b = la dimensión de los azules y c = la dimensión de los amarillos.

Como en el cubo del binomio, este material se presenta en una caja cuya tapa nos ofrece un modelo y un control de error.

Presentación

La presentación es idéntica a la del cubo del binomio.

Sobre todo, no hablar más de la cuenta, di solo el nombre de los colores que se asocian.

Las telas

 ## Material

- Una caja que contenga cinco pares (al principio) de telas diferentes con forma cuadrada (16 cm^2): tul, seda, pana, algodón, lana…
- Un venda.

 ## Presentación

- La misma presentación que para los pequeños cojines (ver p. 138)

 ## Control de error

- Será visual

 ## Variantes

Podemos intentar pedirle que saque la más suave o la más áspera…

Se puede hacer varias cajas:
- Una caja con telas muy contrastadas del mismo tamaño pero de colores diferentes;
- Una con telas menos contrastadas, del mismo tamaño pero de colores diferentes;
- Otra con cuatro o cinco trozos de tela del mismo color y texturas muy similares.

▶ El desarrollo del sentido del oído

En diferentes entornos, como en un *parking* subterráneo, un supermercado, en casa y en la naturaleza, pídele al niño que cierre los ojos y que nombre todo lo que oye. Esto le ayudará a concentrarse en los ruidos y a identificarlos. Puedes hacer este juego en cualquier sitio donde haya una acumulación de ruidos y donde el niño tenga que aislar unos de los otros. Por ejemplo: el agua corriendo de un grifo en un fregadero, cortar el césped, escuchar el agua de un río, el viento, los truenos y la lluvia, los hervores de una cacerola, diferentes tipos de música, carros de supermercado, vasos que se entrechocan, el cierre y la apertura de una puerta de garaje, todas las oportunidades que podemos encontrar en la vida cotidiana.

Las cajas de los sonidos Montessori

Material

- Dos conjuntos de cajas de madera cilíndricas. Cada conjunto tiene o una tapa roja o azul. Los cilindros de un conjunto se rellenan de lo mismo que en el otro.

Presentación

- Misma presentación que para los cojines y tejidos (p. 138).
- Sacude los cilindros cerca del oído para buscar el mismo sonido.
- Cuando el niño está buscando el frasco idéntico, pregúntale claramente: «¿Tienen el mismo sonido?» para que el niño pueda integrar de una manera concreta esta noción abstracta.

 ## Control de error

- Coloca unas pegatinas debajo de cada cilindro, los cilindros con un sonido idéntico tendrán la misma pegatina.

 ## Variante

Estas cajas se pueden fabricar con facilidad en casa. Si no encontramos recipientes opacos, el niño puede ponerse una venda. Si los tapones son todos del mismo color, podemos pegar una pegatina azul a todos los tapones pertenecientes a la misma serie y una pegatina roja sobre los tapones de la otra serie.

Rellenamos luego los recipientes de la misma manera para la serie roja y la serie azul.

Podemos meter dentro harina, sal, pasta, arroz, judiones, etc. Hay que pesarlos bien para verificar que sean idénticos.

Una verificación constante será necesaria.

Identificar una tonalidad

Material

- Tres vasos transparentes.
- Agua teñida con un colorante alimentario.
- Un cuchillo.
- Tres trozos de papel.
- Un rotulador borrable.

Preparación

- Deja un vaso casi vacío (pero aun así con un poco de agua).
- Llena el segundo hasta la mitad con agua coloreada.
- Llena casi todo el tercer vaso.
- Enséñale al niño cómo escribir: «el más alto», «el medio» y «el más bajo» en los trozos de papel.
- Coloca los vasos alineados de izquierda a derecha sobre una bandeja.
- Enseña al niño cómo golpear el vaso con el cuchillo para producir un sonido.
- Vas a ayudar al niño a identificar el sonido del vaso lleno como el más bajo, el vaso casi vacío como el más alto y el que está medio lleno como la tonalidad media.
- Para ello, golpea el vaso casi vacío y dile al niño «Este vaso tiene la tonalidad más alta». Pon el trozo de papel en el cual está escrito «el más alto» delante del vaso.
- Sigue con los otros vasos y los otros papeles.
- Pídele al niño que se ponga la venda en los ojos.
- Golpea el vaso con la tonalidad más alta y el que tiene la tonalidad más baja y propón a niño reconocerlos.
- Una vez este eso adquirido, podemos introducir la tonalidad intermedia.

▶ El desarrollo del sentido del gusto

Sensibilizar el gusto del niño es una cosa que se puede hacer todo los días de manera muy sencilla.

Nos vamos a centrar en cuatro tipos de sabores para estas actividades: dulce, salado, ácido, amargo.

Material

- Busca dos series de cuatro frascos con cuentagotas.
- Pon una pegatina del mismo color sobre los cuatro frascos de la misma serie y otra de color diferente en la otra serie.
- En cada par de frascos, pon zumo de limón para el sabor ácido, gaseosa o un zumo de naranja dulce, chocolate sin azúcar para el sabor amargo, y agua salada para el sabor salado. Prepara un pequeño vaso de agua para que el niño pueda enjuagarse la boca entre cada sabor.
- Si el niño sabe leer, prepara unas etiquetas en las cuales esté escrito: salado, dulce, amargo, ácido.

Presentación 1 (si el niño sabe leer)

- Saca una serie de cuatro frascos.
- Hazle probar un frasco y según el sabor pon la etiqueta correspondiente delante.
- Sigue así.
- Hazle probar cada frasco y pregúntale qué nombre tiene el tipo de sabor que ha reconocido y pídele que coloque las etiquetas delante los frascos.
- El niño se autocorrige.

Presentación 2 si el niño no sabe leer

- Coloca los frascos por serie en vertical.
- Coge un frasco de una serie, haz probar el líquido al niño poniéndole una gotita sobre el dorso de la mano.
- Pídele que se enjuague la boca con agua.
- Hazle probar una gota de los frascos de la otra serie y pregúntale: «¿Tiene el mismo sabor?» Si el sabor es el mismo coloca el frasco al lado del otro, si no sigue haciéndole probar.
- Al final de la presentación el niño se corrige con la autocorrección que le has preparado.

 ### Variantes

Podemos preparar unos vasos organizados en parejas, con alimentos salados (como unas patatas fritas), un trozo de chocolate no azucarado, un medio limón, y un terrón de azúcar.

Después de vendarle los ojos, podemos pedir al niño que proceda al emparejamiento.

También existe la posibilidad de preparar líquidos en frascos con cuentagotas muy variados y proceder a ordenarlos por pares: sirope de granadina, sirope de fresa, vinagre, zumo de naranja.

Del mismo modo podemos hacer actividades con diferentes cítricos: pomelo, naranja, clementina, lima. Fotocopiamos imágenes de la fruta correspondiente y hacemos que el niño reconozca cada uno de estos cítricos por el sabor.

Otras posibilidades

- Coloca al niño un trozo de un hielo sobre su lengua e intenta que pruebe uno de los elementos mencionados más arriba.

- ¿El sabor es el mismo? El frío puede alterar las papillas gustativas de la lengua.
- Corta un trozo de dos frutas diferentes.
- Pídele al niño que pruebe los trozos tapándose la nariz. ¿Puede notar la diferencia de sabor? Prueba con otros sabores. El sentido del olfato cuenta mucho a la hora de determinar los sabores de las cosas.

❱ El desarrollo del sentido del olfato

Como con el resto de los sentidos, es importante tomarse su tiempo para despertar el olfato y permitir al niño reconocer diferentes olores en su entorno. Es la primera cosa que hay que hacer y la manera más fácil para que el niño se concentre en el olfato, consiga afinarlo lo más posible y sea capaz de diferenciar olores. La comida, las flores, los animales, las plantas, el cuerpo, el fuego en una chimenea, no tiene límites.

¡No te olvides de los malos olores, ya que cada olor será una experiencia interesante para el desarrollo del cerebro del niño y su concentración!

Podemos proponer al niño que se vende los ojos, y hacerle sentir olores muy distintivos y fáciles de nombrar: los pasteles, las frutas, una flor, hierba mojada, ropa lavada, una vela con un olor concreto, especies, hierbas aromáticas.

Si el niño sabe leer, podemos preparar etiquetas con el nombre de los olores o de las cosas por oler.

Si el niño no sabe leer, podemos imprimir imágenes representando lo que estamos haciendo oler al niño.

● ●

Los frascos de olores Montessori

Estos frascos son idénticos a los que han sido preparados para el sentido del gusto y del oído (ver p. 146 y 149). Podemos meter en frascos emparejados algodones impregnados con ciertos olores, o incluso colocar hierbas, especies etc.

Hay que asegurarse de poner una referencia para saber a qué serie pertenece el frasco y pensar en la autocorrección.

Presentamos la actividad al niño con los ojos vendados, de la misma manera que los otros frascos.

 ## Material

- Coge diez vasos de plástico.
- Especies: comino, té, vainilla, canela, cilantro.
- Fotos de las plantas que corresponden a la especie.

 ## Presentación

- Muéstrale primero las fotos al niño, nombrando para que los aprenda el nombre de las plantas que corresponden a cada especie. Hazle oler el vaso con la especie y enséñale la planta de donde se extrae, luego pon la foto delante del vaso.

- Con los ojos vendados, hazle oler y pregúntale por el nombre de la especie.
- Deja el vaso sobre la imagen que el niño haya indicado.
- Tendrás lista la autocorrección con pegatinas del mismo color.

✏️ **Variantes**

Podemos también preparar unas parejas de vasos con las mismas especies y pedirle al niño que recomponga las parejas como se ha indicado antes.

Tendremos en cuenta la alternativa siguiente: actividades con el olor de las plantas aromáticas que puedan ser asociadas con la verdadera planta. Tener y cuidar plantas aromáticas en tiestos es muy sencillo.

Olfato

La mayoría de las actividades explicadas más arriba, pueden ser asociadas a juegos de memoria, excelentes para el desarrollo de la concentración.

Los explicaremos en el capítulo siguiente «Actividad para entrenar la memoria» (ver p. 160).

▶ Actividades a realizar en grupo

En las aulas Montessori se organizan de manera habitual ejercicios que los niños realizan juntos y que fomentan la concentración. Se ha notado muy a menudo cómo los niños sentían una sensación de bienestar y eran muy felices tras hacer este tipo de actividades.

Estos ejercicios en grupo se pueden adaptar con mucha facilidad de cara a realizarlos en casa.

• •

Caminar por la línea

Esta actividad ayuda al niño a concentrarse en su cuerpo, al principio, en sus pies para tener cuidado con el ancho de la línea y luego conseguir desplazarse con armonía y equilibrio.

Una vez adquirido el equilibrio, puede concentrarse en otro elemento para que no se le caiga, que no derrame agua, o que no tintinee una campana. De esta manera el niño se centra en la parte del cuerpo solicitada.

 ## Material

- Un círculo pintado o dibujado en el suelo cuya línea debe tener por lo menos una anchura de 10cm para permitir al niño colocar sus pies con comodidad sobre la línea (podemos también hacer una línea recta).
- Una bandera
- Una cesta
- Los primeros cubos de la torre rosa.
- Una campanilla.
- Un peso atado a una cuerda.
- Un vaso lleno de agua.

 ## Presentación 1

Es una presentación de grupo:
- Pídele a los niños estar de pie sobre la línea.

- Sepáralos a igual distancia y enséñales cómo caminar sobre la línea poniendo la integridad del pie sobre ella.
- Anímalos a caminar despacio y hacer pasos cada vez más pequeños hasta que el talón toque los dedos del pie que va detrás, esto requiere equilibrio.

 ## Presentación 2

De forma gradual, a lo largo del año, vas a enseñarles diferentes ejercicios para seguir despertando su interés, animarlos a caminar correctamente y a concentrarse en su cuerpo. En todos estos ejercicios, el niño camina pegando su talón a la punta del otro pie.

- Coloca una mesa cerca de la línea y pon encima una bandera, una cesta, el pequeño cubo de la torre rosa, una campanilla, un cilindro atado a una cuerda, un vaso lleno de agua, una pelota de ping-pong en una cuchara, etc.
- Cada niño cogerá el objeto que desee, y empezará a andar sobre la línea como ya sabe hacer.
- Si el niño ha escogido llevar la bandera, tendrá que llevarla bien alta. Esto le ayuda a caminar con la cabeza erguida sin mirarse los pies.
- Llevar una cesta sobre la cabeza sin usar las manos y sin que se caiga.
- Llevar el cubo más pequeño de la torre rosa en la palma de la mano dominante sin que se caiga.
- Llevar la campanilla sin que suene.
- Sostener la cuerda donde está atado el cilindro en su mano sin que este ultimo se balancee.
- Llevar un vaso de agua lleno a ras de agua coloreada sin derramar nada.
- Mantener la pelota de ping-pong dentro de la cuchara sin que se caiga.

Control de error

- El ruido de la campanilla
- La cesta se cae de la cabeza.
- El agua derramada.
- La bandeja ladeada.
- La pelota de ping-pong se cae.

 ## Otras actividades sobre la línea

Puedes añadir una música de ambiente.

Pídele a los niños que empiecen a caminar conservando la distancia entre cada uno cuando la música empiece.

Cuando se pare la música, los niños tienen que pararse.

Después, cuando los niños dominan la actividad arriba menciona-da, pídeles caminar poniendo el talón justo delante de la punta del otro pie y así sucesivamente, respetando siempre el hecho de que cuando la música empieza, caminan, y cuando cesa, se paran.

Luego tienen que hacer lo mismo, pero con un objeto en la mano, y después con las dos manos ocupadas.

Una vez dominado este último paso, ofréceles llevar un objeto en cada mano y una cesta encima de la cabeza que, por supuesto, no debe caerse.

Puedes realizar también esta actividad en casa. Basta con pegar cin-ta adhesiva ancha en el suelo creando un recorrido alrededor de los muebles, entre dos sillas que estén muy cerca la una de la otra, añadiendo poco a poco obstáculos que sortear.

La cinta pegada tiene que ser tan ancha como el pie del niño.

Pídele al niño que camine sobre la línea sin salirse de ella y sin tocar los objetos en su recorrido.

Una vez que sea capaz de hacerlo con facilidad, propón al niño hacerlo con una bandeja sobre la cual habrás colocado unos objetos: un plato, un vaso lleno de agua, etc., complicándolo un poco. Puedes poner también unos rollos de papel de cocina de pie encima de la bandeja, el niño debe evitar que se caigan, o incluso procurar que unas pelotas no se escapen de un plato con los bordes un poco altos.

VIDA PRÁCTICA

VIDA SENSORIAL

En grupo

El juego del silencio

En todas estas actividades, de lo que se trata sin lugar a dudas es de concentración. Se desarrollan con calma incluso casi en silencio. El ruido puede convertirse en algo, así como un control de error.

El silencio se convierte a veces en una actividad en sí misma: susurrar, por ejemplo, es una excelente actividad de autocontrol. De hecho es lo que se pide en un aula Montessori y los niños toman la costumbre de evitar ruidos inútiles dando como resultado un ambiente muy sereno.

El juego del silencio no se debe confundir con «el rey del silencio», practicado en ciertos sitios cuando se quiere hacer callar a los niños.

Esto no tiene nada que ver. El objetivo de esta actividad es que el niño tome consciencia de la felicidad que conlleva saber escuchar, controlar sus movimientos y alcanzar así un alto grado de concentración.

A veces, a principio de año, con una mayoría de alumnos nuevos, una preparación se revela necesaria. Podemos pedir a los niños escuchar los sonidos y reconocerlos con los ojos vendados o cerrados. Hacerles escuchar el ruido de unas llaves, la puerta cerrándose, unas tijeras, arrugar un folio, etc. Al final del juego del silencio, el adulto se puede colocar al otro lado de la habitación y llamar los niños susurrando su nombre. Los niños se concentran entonces sobre las palabras pronunciadas muy despacito y esperan que les toque. Cuando oyen su nombre, hacen lo que estaba previsto, puede ser, antes del almuerzo, lavarse las manos, o antes del recreo, ponerse los zapatos, etc., y deben hacer todo eso en silencio ya que sus compañeros a su vez siguen pendientes de escuchar sus nombres.

 ## Presentación

- Hay que decir: «Hoy, os voy a presentar una nueva actividad: el juego del silencio».
- Los niños se sientan sobre el círculo, sentados con las piernas cruzadas, la espalda recta, las manos encima de las rodillas.
- Proponles que se haga silencio, que intenten escuchar todos los ruidos en su alrededor y que los retengan.
- Decide cuánto tiempo va a durar la actividad, entre unos pocos segundos y dos o tres minutos.
- Cuando el tiempo haya transcurrido, pregunta a los niños qué han oído.

En esta primera fase hemos escuchado el ambiente a nuestro alrededor.

En otra, como se ha dicho antes, puedes llamar a los niños susurrando.

Otra vez, puedes explicarles que vas a hacerles escuchar varios ruidos y que tendrán que intentar reconocerlos.

Una opción, también, es que les hagas escuchar un «bingo sonoro» y pedirles que reconozcan los ruidos, pero tienen que nombrarlos susurrando y volver a respetar el silencio. Un «bingo sonoro» es un juego en el cual el niño oye un sonido.

• •

En grupo

Caminar alrededor de la alfombra

Material

- Una alfombra.

Presentación

- Pregunta a varios niños (tres o cuatro) si quieren hacer una nueva actividad.
- Pide a uno de ellos que vaya a buscar una alfombra y que la coloque.
- Recuerda a todos los niños la función de la alfombra en el aula: no se camina sobre la alfombra sino a su alrededor.
- Mientras dices eso, da una vuelta alrededor de la alfombra sin tocarla.
- Pídeles que hagan lo mismo caminando lo más cerca posible de la alfombra sin tocarla.
- Una vez dominado el ejercicio, puedes ofrecerles que lo hagan con un objeto en la mano.

❱ Las actividades para la memoria

Una vez que el niño se ha familiarizado con el material sensorial, podremos proponerle actividades de memoria que van a ayudar muchísimo a mejorar su concentración.

Por regla general, las actividades de memoria con el material sensorial son muy atractivas para los niños. Además, se realizan a menudo en grupo, lo que es muy importante en ese momento de sociabilización del niño.

Varias actividades son posibles.

• •

Con los bloques de cilindros

- Coge un bloque con los cilindros.
- Saca todos los cilindros de su sitio y déjalos encima de una alfombra o una mesa.
- Ves al otro extremo de la sala o del aula con el bloque vacío.
- Enseña al niño uno de los alveolos vacíos y pídele que traiga el cilindro correspondiente.
- Vuelve con el cilindro que coloca en el sitio correcto.
- Sigue así hasta completar el bloque.
- Empieza por las extremidades por supuesto, es más sencillo.
- Cuanto más domine el niño la actividad, más cilindros difíciles le pediremos de encontrar.

Es muy importante que te coloques en un sitio muy alejado de los cilindros para que el niño se mantenga muy concentrado durante mucho tiempo mientras va de un lado a otro.

A menudo los niños le hablarán durante su trayecto o podrá sentirse atraído por la actividad de otro niño, en todo caso tendrá que mantenerse concentrado.

Esta actividad puede realizarse entre varios niños.

• •

Las cajas de colores

Tal y como ya hemos visto, la primera caja se compone de tres pares de tablillas con los colores primarios: amarillo, rojo y azul.

La segunda caja de colores incluye once pares de colores y puede ser utilizada en un segundo paso.

Con un niño más pequeño (alrededor de 3 años) podemos dividir las parejas de colores, entre una mesa o una alfombra y un sitio al otro lado de la habitación. Enséñale un color al niño y pídele que te traiga la otra igual.

La tercera caja de tablillas tiene sesenta y tres colores, o sea nueve colores con siete matices para cada uno, del más oscuro al más claro.

Saca los siete matices de un color.

Escoge una tablilla y pídele al niño que encuentre la más oscura o la más clara.

VIDA PRÁCTICA

VIDA SENSORIAL

Memoria

Una vez que te haya traído el color que le has pedido, continúa la actividad usando comparativos, «más oscuro que este» o «más claro que aquel» hasta conseguir reconstituir toda la serie con los siete colores.

• •

Las cajas de los sonidos

Como ya hemos visto con anterioridad, es esencial desarrollar la concentración aislando cada uno de los sentidos. Haremos lo mismo para la memorización auditiva, olfativa y gustativa.

 Material

• Las cajas de los sonidos.

 Presentación de la actividad 1

• Pon una serie de cajas de los sonidos sobre una mesa.
• En otra mesa coloca la otra serie que le corresponde.
• Sacude una caja cerca de su oído y pregúntale al niño que se concentre mucho y que memorice ese sonido para buscar la caja de los sonidos idéntica en la otra mesa.
• El niño va a la otra mesa, sacude las cajas cerca de su oído hasta que encuentra el mismo sonido que la caja anterior.
• Una vez encontrada, la pone al lado de la primera, encima de la mesa.
• Sigue así hasta haber escuchado todas las cajas.

Ya lo hemos comentado, pero hay que instalar cada pareja de cajas en mesas alejadas, para que el niño necesite desplazarse e incluso encontrarse con otros niños.

El desarrollo del sentido del oído es primordial para el aprendizaje de la lectura, que se hace escuchando sonidos que corresponden a letras.

El niño necesitará memorizar muchas letras y este tipo de ejercicios serán de gran ayuda.

 Presentación de la actividad 2

- Pon una serie de cajas de los sonidos encima de una mesa.
- Haz que el niño las escuche todas pidiéndole que memorice bien todos los sonidos.
- Coge una caja, sacúdela cerca del oído del niño.
- Pregúntale cual de ellas tiene un sonido más ligero o más fuerte.
- Empieza con solo tres cajas con volúmenes muy diferentes entre ellas.

 Presentación de la actividad 3

- Pon una serie de cajas de los sonidos sobre una mesa
- Haz que el niño las escuche todas pidiéndole que memorice bien todos los sonidos.
- Pídele que ordene de memoria los sonidos, del más fuerte al más suave.

 Variante

Estas mismas actividades se pueden hacer con las campanillas Montessori.

Los frascos olfativos y gustativos

Haz la misma cosa que la actividad 1 con las cajas de los sonidos (p. 162) separa cada pareja en dos mesas diferentes y pídele al niño que reconstituya las parejas.

La torre rosa

 ### Presentación de la actividad 1

- Pon todos los cubos de la torre rosa sobre una alfombra.
- Coge el cubo más grande.
- Colócalo sobre una segunda alfombra alejada de la primera.
- Dile al niño que busque el cubo que va justo encima hasta que reconstruya la torre.

 ### Presentación de la actividad 2

- Coloca sobre una alfombra, desordenados, los diez cubos de la torre rosa.
- Coge un cubo intermedio y ponlo sobre una segunda alfombra alejada de la primera.
- Pídele al niño que busque en la primera alfombra un cubo más grande o más pequeño que el que está encima de la segunda alfombra.
- Sigue así hasta que traiga todos los cubos.

✋ Presentación de la actividad 3

- Pon sobre una alfombra, desordenados, los diez cubos de la torre rosa.
- Coge un cubo intermedio y ponlo sobre una segunda alfombra alejada de la primera.
- Pídele al niño que busque en la primera alfombra el cubo que sea inmediatamente más grande o más pequeño que el que está en la segunda alfombra. También puedes decir el cubo justo antes o justo después del que está sobre la segunda alfombra.

Crear parejas con los objetos del entorno

- Escoge una serie de objetos sensoriales como por ejemplo las barras rojas.
- Ponlas encima de una alfombra.
- Pídele al niño que busque la barra roja que se acerque lo más posible a la altura de la mesa o a la de una silla.
- Coge uno de los «adoquines» de la escalera marrón y dile al niño que busque en el aula o en casa un objeto que se parezca lo más posible a ese «adoquín».

Juegos con las cifras

 ## Material

- Prepara una caja con objetos idénticos, esos objetos pueden ser unas avellanas, unos guijarros, unas conchas, unos garbanzos, unas perlas, etc. Puedes incluso intentar buscar una caja bonita, lo cual hará el ejercicio más atractivo para el niño.
- Prepara también unos papeles de pequeño formato y escribe en ellos una cifra (puedes hacerlo en cuanto el niño sepa tres cifras).
- Dobla esos papeles para que abulten lo menos posible y colócalos en la caja con los objetos.

Presentación

- Invita al niño a realizar una actividad con cifras.
- Ve a buscar la caja en la estantería.
- Propón al niño ir a buscar una alfombra y desenrollarla.
- Instalaos el uno frente al otro, a cada lado de la alfombra.
- Ofrécele al niño que coja un papel, que lo lea, que lo memorice bien, lo vuelva a cerrar y que lo deje encima de la alfombra.
- Pídele que coja un cantidad de objetos igual a la cifra leída en el papel.
- El niño los colocará delante de él al lado del papel.
- Cuéntalos y dile la cifra que tiene que corresponder a lo que está escrito.
- El niño confirmará si la respuesta es correcta.
- Abre el papel para verificar.
- El niño lo volverá a meter en la caja.
- Ahora te toca a ti coger un papel doblado.
- Si el niño ha aprendido la noción del 0, acuérdate de ponerlo en uno de los papeles.

Juegos con las palabras

 foto 20

Las actividades siguientes pueden realizarse tan pronto como el niño sepa leer sus primeras palabras fonéticas de dos o tres letras como: ajo, pez, sal, gol, luz, oro, oca, ojo, oso, osa, pan, rey, río, uva, uña, sol, col, mar, bar, pie, etc.

 Presentación de la actividad 1

- Prepara una caja bonita con unos papelillos rosas en los cuales hayas escrito una palabra que llamamos «palabra secreta». Escribe palabras de dos o tres letras (el rosa es el código de color Montessori para las palabras fonéticas de dos o tres letras).
- Dobla los papeles para que abulten lo menos posible y colócalos en una bonita caja que será la caja de los secretos.
- Haz que el niño escoja un papel que deberá leer en silencio, después concentrarse bien para memorizarlo, doblarlo de nuevo para que no abulte y colocarlo delante de el.
- Una vez doblado el papel, el niño tiene que buscar el objeto correspondiente a la palabra escrita (asegúrate de haberlos colocado en el entorno del niño).
- Verifica abriendo el papel.
- Continúa con la actividad hasta que se acaben los papeles en la caja.

 Presentación de la actividad 2

Escribe sobre unos papeles pequeños palabras que se encuentran en el entorno del niño, pero que no se pueden traer. El niño dejará las palabras sobre los objetos correspondientes; por ejemplo: mesa. Puedes seguir luego con palabras fonéticas de cuatro, cinco, seis o más letras. Las palabras se escribirán entonces sobre unos papelillos azules claros (son los códigos seguidos en la pedagogía Montessori).

Hay una cantidad mayor aún: moto, bici, yoyó, kiwi, café, iris, puma, bebé, sofá, etc.

 Presentación de la actividad 3

- Sobre unos pequeños papeles rojos (es el color que representa el verbo en la pedagogía Montessori), escribe verbos de acción al imperativo.
- Dóblalos para que queden muy pequeños.
- Mételos dentro de una caja bonita.
- Propón al niño que escoja un papel, que lo lea para él, que lo vuelva a doblar, que lo coloque delante de él y que mime la acción.
- Tendrás que adivinar cuál es la acción representada mediante los gestos.
- El niño puede verificar releyendo el papel.
- Sigue así hasta el final.

• •

Las tarjetas de nomenclatura

Las tarjetas de nomenclatura son un material muy característico de la pedagogía Montessori y además un excelente medio para desarrollar la concentración del niño para que memorice vocabulario.

 Fabricación del material

Su utilización es óptima cuando el niño sabe leer.

Son conjuntos de tarjetas que podremos construir siguiendo estos pasos:

- Escoge un tema que le guste al niño.
- Busca fotos que ilustren dicho tema (para empezar, cuatro o seis tarjetas en función de la edad del niño y su capacidad de memorización).
- Es importante que en la fotografía solo se vea el objeto en cuestión.
- Esa foto se imprimirá en dos ejemplares.
- Pega una de las fotos sobre una tarjeta y escribe en la parte inferior de esta el nombre de lo que está representado.
- Pega la otra foto sobre una tarjeta sin el nombre y haz una etiqueta, aparte, solo con el nombre.

Cuando pongamos la tarjeta sin el nombre con la etiqueta debajo, es importante que mida lo mismo que la tarjeta con nombre.

Podemos hacer tarjetas sobre todos los temas posibles. Observa y escucha con atención al niño para descubrir lo que le interesa en ese momento y aprovecha para presentarle el vocabulario apropiado.

 ### Presentación

- Invita al niño a realizar una nueva actividad: «las tarjetas sobre…».
- Ve con el niño a buscar la alfombra y desenróllala.
- Ve a buscar con el la bandeja o cesta con las tarjetas de nomenclatura.
- Deja la bandeja o la cesta en la parte superior izquierda de la alfombra.
- Coloca formando una línea horizontal de izquierda a derecha las tarjetas con nombre.

- Debajo de esa línea pon las tarjetas sin nombre de tal manera que formen parejas idénticas con las anteriores tarjetas.
- Coge las etiquetas con los nombres y ponlas justo por debajo de las tarjetas sin nombre.
- Pídele al niño que memorice bien cada nombre en relación con el objeto representado en la imagen.
- Como consecuencia, tendrá que concentrarse mucho para recordarlo todo.
- Quita las etiquetas con los nombres y mézclalas.
- Dale la vuelta a las imágenes con el nombre por debajo.
- Propón al niño que coloque las etiquetas debajo de la imagen correcta.
- La autocorrección es sencilla, basta con volver a dar la vuelta a las tarjetas con el nombre.

Cuanto más progresos haga el niño en su capacidad de concentración y, por tanto, de memorización, más tarjetas de nomenclatura podremos añadir en una misma serie.

• •

Los «memory»*

Estos juegos pueden llamarse también de «concentración». Permiten del mismo modo el desarrollo del sentido de la vista.

Se pueden hacer a partir de imágenes, letras, palabras, números, formas, colores… ¡casi con todo!

---

* En inglés en el original (N. d. T.).

Materiales

Esta actividad se juega con tarjetas emparejadas, con la imagen del mismo objeto, la misma foto, la misma cifra.

Empezaremos con pocas imágenes: luego, a medida que la capacidad de concentración del niño aumenta, añadiremos más.

Presentación

- Pon las tarjetas boca arriba colocándolas en varias filas una debajo de otra.
- Di al niño que las mire bien.
- Voltea boca abajo todas las tarjetas.
- Di al niño que dé la vuelta a una tarjeta y que la deje boca arriba.
- Ahora proponle que encuentre la pareja de la tarjeta dando la vuelta a una sola tarjeta.
- Si son las mismas, júntalas y ponlas delante del jugador que haya encontrado el par (hay que jugar turnándose).
- Si son diferentes, hay que volver a poner la tarjeta boca abajo, habiéndola memorizado antes.
- Después de un cierto número de veces, es posible memorizar el sitio de cada tarjeta.
- Juega hasta que todas las parejas hayan sido encontradas.

Si el niño es muy pequeño y le presentamos por primera vez esta actividad, es mejor jugar con todas las tarjetas visibles.

Limitaremos el juego a tres pares de tarjetas. Es importante que el niño lo consiga, ese es el objetivo antes de añadir más parejas de tarjetas.

El niño puede jugar además solo con esta actividad con tarjetas que reflejen todo lo que le interesa como los pájaros, las flores, animales, vehículos, formas geométricas, banderas, etc.

VIDA PRÁCTICA

VIDA SENSORIAL

Memoria

Actividad que se puede realizar entre varios

 foto 21

 Material

- Figuritas de animales, flores, etc.
- Imágenes de animales, flores, etc.

Presentación

- Haz que los niños se coloquen en círculo (y pídeles que se porten bien).
- Pon las figuritas en el centro del círculo.
- Asegúrate de que los niños las reconocen.
- Pide a los niños que miren bien todos los animales presentados.
- Pídeles que cierren los ojos.
- Quita una figurita.
- Dile a los niños que pueden volver a abrir los ojos y pregúntales si recuerdan qué figurita ha desaparecido.
- Insiste mucho en que contesten cada uno a la vez o que levanten la mano antes de hablar por respeto a sus compañeros.

Conclusión

La idea hoy en día, de que la concentración juega un papel muy importante en la vida de todo ser humano y de que su construcción arranca nada más nacer es algo asentado. La tarea del adulto consiste en poner en marcha lo más pronto posible, todos los medios a su alcance, para así darle al niño la posibilidad de ejercer su concentración. **Es en el seno de un entorno preparado por el adulto donde el bebé podrá escoger el objeto de su concentración y empezar este largo trabajo de aprendizaje.**

Por todo ello la observación del niño por parte del adulto es primordial.

Debe ser discreta, vigilante y meticulosa con el propósito de generar un buen conocimiento de lo que es el niño, sus gustos, sus aptitudes. La observación permitirá la instalación y la evolución de su entorno para que su capacidad de concentración pueda progresar siempre.

El papel de adulto se revela por tanto fundamental a la hora de favorecer este aprendizaje.

Los entornos preparados se transformarán al mismo tiempo que evolucione el pequeño, para poder estar siempre conformes a sus necesidades de concentración; le proveerán de esta manera de una estimulación adaptada siempre a los periodos sensibles presentes en su desarrollo.

Todo esto es susceptible de crear un vínculo de confianza muy fuerte entre el adulto y el niño, pues este ultimo sentirá un sentimiento de agradecimiento hacia las personas capaces de ofrecerle un universo estimulante siempre adaptado a sus necesidades.

Para poder ejercer bien su concentración, ofrezcamos al niño un ambiente familiar sin estrés y muy tranquilizador. Cuando no esté en casa, escojamos también para él una estructura de acogida sosegada y positiva donde podrá dedicar toda su energía a su autoconstrucción.

A lo largo de su vida el ser humano está en perpetua evolución. De manera natural desea un progreso constante en los ámbitos que son suyos. Para ello tiene que poder recurrir a su poder de concentración cuando sea necesario. Si queremos dar a nuestros hijos una vida feliz y plena, el desarrollo de esta capacidad a lo largo de la infancia es primordial, porque sin ella ninguna evolución positiva es posible.

Saber concentrarse ayudará al niño en todas las áreas: en el colegio, por supuesto, para el estudio y el aprendizaje, de cara a una buena integración en el ámbito escolar, pero también en el enriquecimiento natural y permanente de su visión del mundo con el propósito de captar y entender de este último toda su belleza y sus sutilezas.

Un buen poder de concentración favorecerá su capacidad de descubrir los detalles, le permitirá entender mejor las cosas que le rodean y asimismo las personas que llegará a conocer y a frecuentar; este poder le será muy útil en el deporte donde progreso va ligado con concentración, para cualquier actividad manual, y artística donde la observación es esencial y la adquisición de técnicas solo se consigue a través de una intensa concentración.

La capacidad de concentración es, por supuesto, esencial para una toma de consciencia empática de sí mismo y de los otros, lo que favorece el vivir mejor en sociedad. El que sepa concentrarse con rapidez sabrá también reponer fuerzas y evitará las trampas engendradas por el miedo a lo desconocido o por el nerviosismo frente a lo imprevisto. Detectará todas las señales no verbales en las personas que tenga en frente y será capaz en ese momento, de dar una respuesta perfectamente adaptada y pacífica a todas las solicitudes externas.

El desarrollo del poder de concentración será, para concluir, esencial para el niño para poner en relieve su personalidad y sus diferencias. Fortalecerá su confianza en su autonomía y en sus capacidades de juicio y de acción. Su imaginación y creatividad se verán favorecidas, lo que hará de él una vez alcanzada la edad adulta, un ser libre, sólido, autónomo y sensato, capaz de tomar las riendas de su porvenir y el de los suyos en la búsqueda constante de un mundo mejor, capaz de aportar su grano de arena a la construcción común de un universo de paz y de armonía entre los seres humanos.

Índice de las actividades

Tabla de contenidos

Otros títulos de la colección

Sylvie d'Esclaibes

FOMENTA
LA CONFIANZA
de tus hijos
con el método
Montessori

Para ayudar
a crecer bien
a los niños
de 3 a 12 años

La guía
pedagógica
de referencia con
50 ACTIVIDADES
Montessori

edaf

Maria Montessori, fundadora del célebre método que lleva su nombre, sentó las bases de una educación que ponía al niño en el centro de sus preocupaciones.

Por primera vez **Sylvie d'Esclaibes** nos propone descubrir de qué manera este pensamiento, tan vanguardista, permite fundar y desarrollar la confianza en uno mismo de los más jóvenes.

A través de los consejos prácticos sobre la organización del entorno, de las múltiples actividades propuestas a los niños, la autora nos enseña cómo el método Montessori se adapta a la vida cotidiana, para ayudarles a construirse con la confianza.

■ **Temáticas variadas:** disposición de la habitación, organización del rincón de juego, actividades de la vida cotidiana, selección de los objetos del día a día, métodos de aprendizaje...

■ Más de **40 fotos** reunidas en un cuadernillo central a color para visualizar el material y las actividades propuestas por la autora.

¡Ayuda a tus hijos a evolucionar y crecer en un entorno favorable gracias al método Montessori!

Sylvie d'Esclaibes es desde 1992 la creadora y directora del único instituto Montessori en Francia. Fundó la institución «Aprender Montessori», que proporciona formación Montessori para todas las edades en toda Francia, y ha creado programas educativos Montessori para niños de 0 a 3 años, de 3 a 6 años y de 6 a 12 años. Es autora de *Montessori partout et pour tous* (Balland), y de varias guías Montessori disponibles en distintas editoriales.

Delphine Gilles Cotte

MONTESSORI
en casa

**80 juegos pedagógicos
para fabricar uno mismo**

edaf